KB077760

중국시장과 소비자

현장에서 바라본 중국 비즈니스의 모든 것

중국시장과 소비자

2013년 11월 26일 초판 1쇄 | 2016년 9월 8일 4쇄 발행
지은이 · 오강돈

펴낸이 · 김상현, 최세현
책임편집 · 김은경 | 표지 디자인 · 박보희 | 본문 디자인 · 김애숙

마케팅 · 권금숙, 김명래, 양봉호, 최의범, 임지윤, 조히라
경영지원 · 김현우, 강신우 | 해외기획 · 우정민
펴낸곳 · (주)쌤앤파커스 | 출판신고 · 2006년 9월 25일 제406-2012-000063호
주소 · 경기도 파주시 회동길 174 파주출판도시
전화 · 031-960-4800 | 팩스 · 031-960-4806 | 이메일 · info@smpk.kr

ⓒ 오강돈 (저작권자와 맺은 특약에 따라 검인을 생략합니다)
ISBN 978-89-6570-179-8 (03320)

쌤앤파커스(Sam&Parkers)는 독자 여러분의 책에 관한 아이디어와 원고 투고를 설레는 마음으로 기다리고 있습니다. 책으로 엮기를 원하는 아이디어가 있으신 분은 이메일 book@smpk.kr로 간단한 개요와 취지, 연락처 등을 보내주세요. 머뭇거리지 말고 문을 두드리세요. 길이 열립니다.

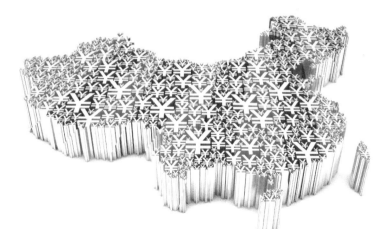

CHINA MARKET & CONSUMER

중국시장과 소비자

현장에서 바라본 중국 비즈니스의 모든 것

| 오강돈 지음 |

차례

PART 1
14억 소비자,
중국인을 알아야 시장이 보인다

PART 2

세계 최대의 소비 격전지,
중국

PART **3**

어떻게 중국 내수시장을
사로잡을 것인가

PART 4
당신이 알아야 할 중국

'동아시아 마켓'
시대를 준비하라

주말에 서울 도심인 명동이나 광화문을 걷다 보면, 여기가 서울인지 중국인지 헷갈릴 만큼 거리를 활보하는 중국인 관광객이 많다는 사실을 실감하게 된다. 이는 중국인이 여행을 좋아해서이기도 하겠지만, 중국인의 '소비'와도 결코 무관치 않다. 단순히 관광을 즐기러 온 것이 아니라, 서울 근교의 아웃렛을 방문하거나 대형 마트에서 특산품 및 생활용품을 사는 중국인들이 확연히 늘어난 것이다. 비자 없이 방문할 수 있는 제주도의 경우 중국이 지역경제를 좌우한다는 말이 나올 정도로, 중국인 관광객들이 물밀듯이 밀려들고 있다. 관광객 수만 늘어난 것이 아니라 개개인의 씀씀이도 커졌다. 중국인의 명품 구매나 해외여행 등의 지출은 세계 최고 수준이 된 지 오래다.

주목할 점은 중국인들의 소비가 자국에서 더욱 확대되고 있다는 사실이다. 중국 정부는 더 이상 수출과 FDI(외국인 직접투자)에만 의존해서는 성장할 수 없다는 판단 아래 내수시장을 확대해가겠다는 정책을 펴고 있다. 부모 세대와 달리 개방된 분위기에서 성장한 80후, 90후 등의 세대가 소비를 주도하는 것도 한몫한다. 다른 나라의 '생산기지'였던 중국은 이제 '글로벌 소비시장'으로 변모했다.

이러한 변화의 길목에서 세계 각국의 기업들은 소비대국으로 급부상하는 중국에 사활을 걸고 있다. 우리나라의 경우 수출 의존도가 높기 때문에 중국시장의 잠재력은 더더욱 남다르게 느껴진다. 더욱이 한중 FTA 시대를 맞아 동아시아 공동 시장론이 구체화될 가능성마저 높아지고 있다. 과연 공동 시장이 경제공동체로 발전할 것인지는 또다른 문제가 되겠으나, 동아시아 공동시장과 연결되어 있는 여타 경제권까지 고려하면 그 파장은 실로 방대할 것이다.

게다가 중국은 경제뿐 아니라 정치와 국제관계 측면에서 한국에 큰 영향을 미칠뿐더러 사회문화적 상호교류도 급증하고 있다. 눈앞의 소소한 이해득실을 따지기 전에 중국을 제대로 파악하고 평가해야 한다. 한반도 주변의 이러한 거시적인 추세는 향후 자라나는 세대에 더더욱 큰 무게감으로 다가올 것이다. 지금의 젊은 세대가 중국을 더 공부하고, 잘 알아야 하는 이유다.

이 책은 실용서적이다. 중국 내수시장, 소비자와 중국 비즈니스에 대한 살아 있는 지식과 정보를 현장에서 활용할 수 있도록 간추렸다. 특히 정보가 많은 부분은 미사여구를 자제하고 핸드북이나 매뉴얼처럼 정리했다. 정보와 더불어 현재 중국 소비자와 관련된 이슈도 빼놓지 않았다.

이 책은 중국 마케팅에 관한 전문서적이다. 실무를 통해 쌓은 경험을 바탕으로 중국에서의 브랜드 전략, 시장조사, 시장 세분화, 업종별 시장, 유통, 판매촉진, 미디어와 터치포인트, 광고, 토털 미케팅에 대한 심도 깊은 시각을 제공하고자 했다.

이 책은 중국 관련 개론서적이다. 중국시장과 소비자라는 틀을 통해 중국인, 역사, 지리, 정치에 이르는 다양한 영역을 이해할 수 있게끔 했다.

마지막으로 이 책은 어학서적이다. 표의문자인 중국어의 말맛을 느낄 수 있는 자료가 구석구석에 담겨 있다. 중국어에 입문한 사람이 더 가깝게 중국에 다가가도록, 중국문화, 그리고 생활경제의 언어를 풀어냈다.

그러나 이 책을 쓴 가장 큰 이유는 중국에 진출한, 또는 진출할 예정인 외국 기업, 특히 한국 기업이 실제 비즈니스에 활용하길 바라는 데서 비롯되었다. 다만 기존의 중국 관련 서적들이 주로 거시적인 전망이나 경제이론을 다루었다면, 이 책은 한국인들이 중국의 실물경제를 더 잘 알고 이해하기를 바라는 마음에서 보다 현실적인 접근방식을 취하고자 했다.

이 책은 전체 4개 파트로 구성되어 있다. Part 1에서는 중국 소비자, 중국인의 모습을 통해 중국시장을 들여다본다. Part 2에서는 세계 최대의 소비 격전지인 중국시장에서 경쟁하는 브랜드들을 낱낱이 분석하는 동시에, 중국시장을 둘러싼 이슈들을 짚어본다. Part 3에서는 소비자와 시장의 분석을 토대로 중국 내수시장을 공략하기 위해 어떠한 전략을 구사해야 하는지를 말한다. 마지막으로 Part 4에서는 중국 비즈니스를 위해 반드시 알아야 할 중국의 기본 개념과 지역적인 특성을 전한다.

더 이상 중국은 근대화에 뒤처진 이빨 빠진 호랑이도, 죽의 장막 너머의 은둔자도 아니다. 이제 중국은 세계 경제와 국제관계의 중심 무대가 되었다. 이 책이 중국시장의 변화에 적응하고자 하는 실무자들, 글로벌 기업들과의 경쟁에서 승리하고자 하는 기업들, 기회와 도전의 땅이 될 중국에 대해 미리 공부하고자 하는 많은 이들에게 미력하나마 도움이 되기를 바란다.

하나 덧붙이자면, 실물경제와 비즈니스는 워낙 하루가 다르게 변하는 분야인 만큼, 구체적인 내용에서는 다소 상이한 부분도 있을 수 있을 것이다. 독자 여러분의 양해와 질정叱正을 바란다. 끝으로 항상 사랑으로 가득한 가족들에게 감사의 마음을 전하고 싶다.

오강돈

PART 1

14억 소비자,
중국인을 알아야
시장이 보인다

오늘날 중국 소비자, 즉 중국인은 어떤 특색을 갖고 있는가?
중국인의 의식과 행동은 어떠한 문화적인 배경이나 기질적 특성에서 비롯되었을까?
물론 지구촌 사람들과 공통된 부분이 있는 한편, 중국인만의 고유한 기질이 있을 것이다.
그리고 이러한 특질은 당연히 현재의 소비생활과 소비행동에 직간접적 영향을 미칠 것이다.
중국 소비자를 더 잘 이해하기 위해,
중국 사람들에게 더 가까이 다가가기 위해 그들이 누구인지 알아보자.

중국,
사람을 먼저 이해하라

'중국 특색中国特色중궈 터써'이라는 말이 있다. 중국 특유의 특징적인 스타일을 뜻하는데, 중국에서 살다 보면 정말 많이 듣게 되는 단어다. 그리고 중국의 특정 분야에 대해 서방세계가 질문해올 때, 중국인들이 논리적으로 대응하기 싫거나 설명이 궁할 때 쓰는 말이기도 하다. 중국 특색 문화부터 중국 특색 음식, 중국 특색 상품, 중국 특색 선물, 중국 특색 증권시장까지 많은 곳에 붙여 쓴다. 현대 중국경제의 화두인 도시화도 중국 특색 도시화다. 특히 덩샤오핑邓小平은 사회주의 체제에 시장경제를 도입하겠다는 명분으로, 중국공산당 영도하에 경제건설을 중심으로 하는 시장경제를 주창하면서 이를 '중국 특색 사회주의'와 '중국 특색 시장경제'라 칭하게 된다.

그렇다면 오늘날 중국 소비자, 즉 중국인은 어떤 특색을 갖추고 있을까? 중국인의 의식과 행동은 어떤 문화적 배경이나 기질적 특성에서 비롯되었을까? 물론 지구촌 사람들과 공통된 부분이 있을 것이다. 인류의 보편적인 특질이다. 중국 마케팅에 대해 논하는 사람들이 흔히 빠지기 쉬운 오류는 중국시장, 중국 소비자의 특성을 지나치게 강조한 나머지 글로벌 시장과의 동류항을 간과하거나 무시하는 것이다.

글로벌 동류항 외에 동아시아 문화권과 공유하는 집단주의라든지, 사회주의 체제를 함께한 나라들과 같이 경험했던 생활양식도 존재할 수 있다. 다른 한편으로는 중국인만의 고유한 기질이 있을 것이다. 그리고 이러한 특질은 당연히 현재의 소비생활과 소비패턴에도 직·간접적인 영향을 끼칠 것이다. 중국 소비자를 더 잘 이해하기 위해, 중국 사람들에게 더 가까이 다가가기 위해, 그들이 누구인지 알아보자.

스스로를 화인华人화런, 화하인华夏人화샤런 또는 당인唐人탕런이라 부르는 중국인들은 어떤 삶을 살고 싶어 했을까?《서경书经슈징》이라는 책을 보면 보편적인 중국인들이 원했던 오복五福우푸에 대한 이야기가 나온다.《서경》은 '상서尚书상슈'라고도 부르는데, 중국 고대 왕들의 정치 행위를 중심으로 천문, 지리, 민생, 윤리 등 광범위한 내용을 다루고 있다. 먼저 오복을 보자. 첫째, 수寿쇼우는 장수하는 것이고, 요절하지 않는 것이다. 둘째, 부富푸는 부유한 삶을 사는 것이다. 셋째, 강녕康宁캉닝은 신체적인 건강과 마음의 안녕을 뜻한다. 넷째, 유호덕攸好德요우하오더은 덕을 좋아하여 즐겨 행하는 것이다. 다섯째, 고종명考终命카오중밍은 선종善終산중을 뜻한다. 즉 세상을 떠날 때 스스로 갈 때를 알아 횡액이나 번뇌 없이 가는 것이다. 이 오복이 내 집 문 앞에 다다르는 것을 바로 오복림문五福临门우푸린먼이라 한다. 복림문福临门푸린먼이라는 이름의 식당, 상점, 제품은 주변에서 흔히 볼 수 있을 정도다.

대대로 중국인들은 이 다섯 가지를 문장으로 만들어 다른 사람에게 복을 축원하는 인사말로 사용했다. 첫째, 쇼우비 난샨寿比南山은 높은 남산처럼 오래 살라는 말인데, 여기서 난샨, 즉 남산이 샨시성陕西省의 중난샨终南山이라는 얘기도 있고 형샨衡山이라는 설도 있다. 둘째, 유명한 꿍시 파차이恭喜发财는 '부자 되세요'라는 말이다. 우리에게 친숙한 홍콩 배우 유덕화刘德华리우더화의 '꿍시 파차이'라는 노래도 유명하고, 동명의 영화도 있다. 셋째, 젠캉 안닝健康安宁은 말 그대로 건강과 안녕을 뜻하고, 넷째, 핀더 까오샹品德高尚은 덕이 있는 고상한 성품을 기원하는 것이다. 다섯째, 샨스 샨중善始善终 역시 말 그대로 선종하라는 의미다. 그런데 중국인들이 바라는 오복이 조금 바뀌었다. 요즘 중국인들에게 오복은 복록수희재福禄寿喜财란다. 즉 현세의 부귀, 장수와 행복한 생활만을 기원하는 양상으로 바뀐 듯싶다.

전통적인 중국인의 미덕은 인의仁义런이다. 인의의 사상을 자세히 들여다보면 매우 심오하지만, 쉽게 말해 다른 사람에게 잘해야 한다는 뜻이다. 공자孔子쿵쯔의 철학을 한마디로 간추려 인仁이라고 한다면, 맹자孟子멍쯔는 의义를 강조했다. 중국의 유가儒家루쟈를 대표하는 사람은 춘추전국春秋战国춘치우짠궈시대의 공자와 맹자다. 춘추전국시대는 진시황秦始皇이 중국을 통일하기 전에, 여러 나라가 패권을 다퉈 매우 혼란스러웠던 시기다. 사상적으로는 유가, 도가道家따오쟈, 법가法家파쟈, 묵가墨家모쟈 등 각종 사상가인 제자諸子주쯔와 유파의 백가百家바이쟈가 철학적 또는 정치적으로 자기 주장을 내세우던 백가쟁명百家爭鳴바이쟈쩡밍의 시절이었다. 결국은 현실 정치와 군사 운영에 가장 적합했던 법가가 쓰임새가 많아서 주도권을 갖게 되었다.

이후 중국에 들어온 외래 종교인 불교佛敎포쟈오와, 도가가 종교화되어 민간에 뿌리를 내린 도교道敎따오쟈오가 약 1,000년 동안 중국인의 사상을 지배한다. 도가에는《도덕경道德经따오더징》으로 상선약수上善如水샹산루쉐이라는 가르침을 준 노자老子라오쯔가 있다. 물은 낮은 곳으로 흐르고, 세상의 가장 낮은 곳에서 모든 물을 받아들이는 것이 큰 바다이니, 물이야말로 최고의 선을 나타낸다는 사상이다. 여기에 나비의 꿈으로 상징되는 장자庄子좡쯔의 자유로운 사상이 합쳐진 것이 노장 철학이다.

중국의 불교는 수나라의 천태天台톈타이종과 당나라의 화엄华严화옌종으로 꽃을 피운다. 당나라의 고승인 현장玄奘쉔쟝법사는 서역西域시위이라 불린 인도에 가서 방대한 양의 불교경전을 가지고 왔다. 그가 간 길만 5만 리에 이른다고 하며, 그의 여정은 무려 17년에 달했다. 현장법사가 당나라에 돌아와 번역한 불경은 1,300권이 넘는다고 전한다.

12세기에 이르러, 남송南宋의 주희朱熹주시가 중국에 유가를 다시 부활시켰다. 주자朱子주쯔라고도 불리우는 주희는《논어论语룬위》,《맹자孟子 멍쯔》,《대학大学 따쉐》,《중용中庸 중융》으로 4서를 정해 다시 정리하고, 정통 유가와 사이비 유가의 법통을 구분했다. 이 구분이 매우 자의적이라는 비판도 있지만, 주희의 철학은 성리학性理学이라고 하여, 원나라, 명나라, 청나라와 한반도에도 많은 영향을 주었다.

중국인에게는 효순孝順 샤오슌의 미덕도 중요하다. 부모는 자식을 양육하고 자식은 부모를 봉양한다는 의미다. 근검 경업勤俭敬业 친젠 징예의 미덕도 지키라고 했다. 부지런하고 검소하며 자신의 일에 최선을 다하라는 말이다. 중국의 어른들은 "싫어하는 일도 할 수 있어야 한다."라고 자식들을 가르쳤다. 고생도 달게 해야 한다는 뜻으로 츠쿠吃苦 정신을 강조했다. 츠쿠는 '쓴 것을 먹는다'는 뜻이다.

근면에 대한 경구는 옛날 글에 자주 등장한다. 좌전左传 줘촨, 즉《좌씨 춘추左氏春秋 줘스 춘치우》에 민생 재근民生在勤 민셩 짜이친이라는 말이 있다. 백성의 생활은 근로에 기반한다는 것으로, 근면하고 노동하면 궤匮 쿠이할 수 없다는 뜻이다. 귀贵가 갇혀 있는 모습의 궤는 가난, 결핍, 부족을 뜻한다. 즉 부지런하면 가난할 수 없다는 얘기다.《논어》와《순자荀子 쉰쯔》에서도 근면을 강조한다. 순자는 부지런하라고 했고, 묵자墨子 모쯔는 쓸데없이 낭비하지 말라고 했다. 그래서 묵가의 중심 사상 중에는 절용节用 제융이 있다. 요즘 중국 어른들은 아이들이 츠쿠 정신을 모른다고, 근검하지 않다고 난리다.

기질은 쉽게 바뀌지 않는다

중국인들은 남들 앞에서 자기를 과장하거나 자랑하지 말라别夸自己비에콰 쯔지는 이야기를 듣고 자란다. 한편 모르는 사람陌生人모성런의 일에는 상당히 냉담한 편이어서 남의 일에 잘 끼어들지 않는다. 중국인들이 길에서 무슨 사건이 터지면 우르르 몰려와서 끼어드는 것 같지만, 실은 구경하기를 즐길 뿐이다. 중국 중앙텔레비전中国中央电视台중궈 중양 뎬스타이 (줄여서 央视 양스, CCTV)에서 충격적인 영상을 보도한 적이 있다. 골목에서 어린아이가 차에 치어 죽어가는데 지나가는 행인 누구 하나 거들떠보지 않고 지나치는 모습이었다. 이와 비슷한 영상물은 쓰러진 노인, 다친 사람 등 정말 많다. 어떤 예쁘장한 여자가 길거리에서 걸인 같은 노인에게 음식을 떠먹이는 사진이 중국 최대의 소셜 미디어인 웨이보에서 화제가 된 적이 있다. 정말 보기 힘든 광경이었는데, 결국은 노이즈 마케팅의 일환으로 드러나 씁쓸한 뒷맛을 남겼다. 하지만 중국인들은 자신과 관련 있는 사람의 일에는 발 벗고 나선다.

중국인들이 금색, 노란색, 붉은색을 좋아한다는 것은 널리 알려진 사실이다. 그래서 금색으로 장식된 휴대전화도 많다. 분유 깡통은 대부분 금띠를 둘렀다. 또 무척 좋아하는 것이 경품 추첨抽奖초우장이다. 어느 행사를 가봐도 경품 추첨이 빠지지 않는다. 도박赌博두보, 博彩보차이을 좋아하는 경향도 있다. 공원, 길거리, 심지어 학교에서도 카드놀이를 하는 사람들을 흔히 볼 수 있다. 물론 마작麻將마장도 많이 한다. 복권彩票차이퍄오도 인기가 좋다.

중국인들은 물건을 살 때 몇 군데 이상에서 가격을 꼭 알아봐야 한다는 신념을 갖고 있다. 그리고 돈을 지불하고 물건을 살 때는 특별히 신중해야 한다고 생각한다. 자연히 이와 관련된 말들이 꽤 있다. 화비 삼가货比三家 훠비 싼쟈는 물건 살 때 세 곳 이상의 가격을 비교하라는 것이다. 물미 가렴物美价廉 우메이 쨔롄은 물건이 훌륭하고 가격은 저렴하다는 뜻이다. 성가비 고性价比高 싱쟈비 까오는 가격 대비 성능이 높다는 말이다. 중국산 와인 *장위*张裕Changyu의 TV 광고에 등장하는 문구다. 애점 편의爱占便宜 아이쨘 펜이는 싼 것을 좋아한다는 뜻으로, 대범하지 못하다는 부정적 의미도 있다. 토가 환가讨价还价 타오쟈 환쟈는 가격을 깎고 흥정한다는 뜻을 담고 있다. 가난한 사람만 이러한 의식을 가지고 있는 것이 아니라, 비교적 부유한 이들까지 중국에서는 일반적으로 지니고 있는 생각이다. 중국인들은 저녁 때 점포 문을 닫기 전에 반짝 세일 같은 것을 하면 매우 좋아한다.

한편 중국인들은 내가 받은 은혜恩惠 언후이는 반드시 갚아야 한다고 믿는다. 게다가 은혜를 1척尺 츠 받으면 1장丈 쟝으로 갚아야 한다고도 한다. 1장은 1척의 10배다. 만일 기업이 매장을 방문하는 이들에게 작은 사은품을 준다든지 시식행사를 한다든지 샘플링을 하면 중국인들은 매우 반가워한다. 이는 '중국인의 소은혜 심리'를 판매촉진에 응용한 것이다.

그리고 중국인들은 전통적으로 권위를 숭상했다. 권위를 추앙推崇权威 투이충 췐웨이한다거나 윗사람은 무조건 옳다고 맹목적으로 숭상盲目崇尚 망무 충상한다는 말이 나온 것도 이러한 기질 때문이다. 중국에 진출한 기업이라면 이러한 중국인들의 심리를 이용해 권위적인 기관이나 전문가가 인정認定런띵했다든지 추천推荐투이젠했다든지 무슨 상을 받았다荣誉룽위든지 하는 식으로 마케팅하는 것이 도움이 되겠다.

중국인 기질의 최고봉은 체면

그러나 중국인의 기질을 규정하는 개념의 하이라이트는 뭐니 뭐니 해도 '체면面子멘쯔'이다. 중국인이 체면을 중시하고 체면에 목을 매는 경향에 대한 연구와 사례는 수도 없이 많다. 중국인의 이러한 경향 때문에 생겨난 말들도 아주 다양하다. 반비 심리攀比心里판비 신리라는 말이 있다. '반'은 기어 올라간다는 뜻이고, '반비'는 나보다 높은 사람과 비교한다는 의미다. 여기서 상대는 나보다 조건이 더 나은 사람이라야 한다. 그가 하면 나도 하고 싶고, 그가 갖고 있으면 나도 갖고 싶다는 개념이다.

총중 심리从众心里총중 신리라는 말에서 '총중'은 다른 무리를 좇아간다는 뜻이다. 많은 사람이 하는 것을 따라 해야 안심이 되고 뒤탈이 없다고 여기는 것이다. 다른 소비자들의 평가가 더 중요하고, 남들이 가는 여행지에 가야 더 재미있다고 느낀다. 중국에서 국경절 같은 연휴에 유명 관광지에 가면 인파 때문에 발 디딜 틈이 없다. 굳이 이렇게 사람들이 몰리는 곳에 가야 하나 싶지만, 중국인들의 총중 심리 때문

:: 국경절 연휴, 줄지어 황산에 올라가는 인파

이다. 근풍 심리跟风心里껀펑 신리라는 말에서 '근'은 발뒤꿈치를 좇아간다는 뜻이고, '근풍'은 풍조와 유행과 세태를 좇아가는 것이다. 남들이 유행이라고 인정해주는 것을 따라 해야 체면을 구기지 않을 수 있다는 얘기다.

중국 농촌에서 콜라 판매량이 높은 것도 농촌의 앙성 심리昂城心里앙청 신리를 나타내는 현상이다. 중국의 농촌 사람들이 도시 사람들의 삶을 우러러보고 따라 한다는 것이다.

중국 농촌에서의 전자제품 영업은 마을을 상대로 하는 영업이라고 한다. 마을의 어느 집이 특정 상표나 모델의 텔레비전이나 세탁기를 들여놓으면 빠른 시간 안에 마을의 모든 집이 같은 상표와 모델의 제품으로 통일된다는 것이다. 옆집이 산 브랜드로 들여놓아야 안심이 된다. 그래서 어떤 마을은 ○○ 텔레비전으로 통일되어 ○○ 마을이 되고, 바로 옆 마을은 △△ 브랜드로 통일되어 △△ 마을이 되는 식의 풍경이 벌어진다.

중국인들은 선물을 많이 한다. 선물할 때도 체면이 빠질 수 없다. 선물의 내용도 내용이지만 포장도 중시한다. 중국에서의 선물은 대부분 과대 포장이다. 요즘은 관 주도로 과대 포장 줄이기 캠페인을 벌이고 있는데 실천은 잘 되지 않는다.

중국 사람들의 선물에 대한 실태를 보여주는 또 다른 풍경이 있다. 바로 선물 회수 시장이다. 명절이나 선물 시즌이 되면 지하철역 앞이나 점포를 임시로 임대까지 해서 선물을 매입하는 곳이 생겨난다. 평상시에는 이 점포들의 숫자가 다시 줄어든다. 선물로 받은 술, 담배, 월병, 제비 집, 건강식품, 상품권 같은 것을 돈을 받고 되파는 것인데, 이른바 '선물깡'이라고 할 수 있다.

음식으로 상대편을 접대宴请옌칭하는 데도 체면이 기본이다. 음식을 접대받는 사람은 음식을 남겨야剩宴성옌 한다. 초대한 사람 입장에서는 음식이 남지 않으면 제대로 풍성하게 차리지 못한 것이 되니까 체면 치레를 못한 것이고, 초대받은 사람 입장에서는 걸신들린 것처럼 허겁지겁 먹은 셈이 되니까 체면이 깎이는 것이다. 음식물 쓰레기 문제가 심각해 '빈 접시 운동光盘行动꽝판 싱둥'이라고 하여 음식 남기지 않기 캠페인을 벌이고 있지만, 잘 지켜지지 않고 있다.

접대를 할 때는 식당의 등급도 잘 따져야 한다. 접대받는 사람이 해당 식당의 등급을 알고 있다고 생각하는 것이 맞다. 대개 접대받는 사람이 식당을 정하는데 이 부분에서 실수를 하면 차라리 접대를 안 하느니만 못한 결과를 낳는다. 생선 요리는 응당 포함시켜야 격식이 선다. 이것 말고도 주인, 주빈, 음식 주문자의 자리 배치, 손님 접시에 음식 담기, 권주와 수시로 첨잔하기, 건배사와 기타 말하기 등등 접대의 모양새를 제대로 갖추어야 한다. 여기에 찻주전자의 물 나오는 구멍이 사람 쪽으로 향하지 않아야 한다는 등 기본적인 식사예절도 지켜야 한다. 만일 어떤 옌칭 자리가 있었는데 그 자리에 초대를 받지 못했다면, 중국에서는 엄청나게 체면이 깎이는 일이다. 중국에서 비즈니스를 할 때 꼭 기억해두어야 한다.

중국인의 체면을 중시하는 기질은 선물, 접대 문화를 비롯해 자동차, 사무실 인테리어, 결혼식 같은 온갖 행사와 휴대전화, 옷, 시계, 핸드백 등 소비와 관련된 모든 행동에 다양하게 적용된다. 집은 별장식 단독주택이 체면을 높여주고, 거주 지역 역시 영향을 미친다. 이처럼 중국에서 체면을 중시하여 자기 수준을 넘어서는 소비를 일컬어 초전 소비超前消費차오첸 사오페이라고 한다.

중국에서 체면치레는 한 다리 건너 사람에게도 적용된다. 당사자의 체면뿐 아니라 관계자의 체면도 중요하고, 어쨌든 남이 나를 어떻게 보느냐를 중요시하기 때문이다. 그래서 중국에서는 한 다리 건너 사람에게 부탁을 받아도 쉽게 거절하지 못한다.

한편 중국인 부하직원을 나무랄 일이 있을 때는 반드시 조용한 방으로 데리고 가서 따로 해야 한다. 중국인들은 다른 사람들이 보는 상황에서 체면 깎이는 일을 치명적이라고 생각하기 때문이다. "다른 사람을 때릴지라도 얼굴만은 때리지 말 것이며, 남을 나무랄 때도 단점을 들추어내 얘기하지 마라."라는 말이 있을 정도다.

중국에서는 체면과 관련해 가장 유명한 사건으로 초패왕 항우의 고사를 들곤 한다. 항우가 유방에게 패해 우장이라는 강에 다다랐을 때 부하들이 항우와 애첩 우희가 도망갈 수 있도록 배를 준비했다. 그러나 항우는 이 배에 타기를 거절하고 우희와 함께 자결을 택한다. "나와 강동의 8,000자제가 천하를 얻기 위해 출병했는데, 나 혼자 고향에 가서 어찌 강동의 부모들을 볼 면목이 서겠는가?"라는 것이 그의 변이었다.

여기에 나오는 '면목面目몐무'도 체면을 나타내는 말이면서 얼굴과 관련된 용어다. 체면과 관련된 단어 중에는 '얼굴颜面옌몐/脸렌'이 들어가는 말들이 정말 많다. 그중 일부만 살펴보자. *띠우롄丢脸*에서 '*띠우*'는 무엇을 잃어버린다는 뜻인데, 부도덕한 행위로 얼굴을 잃어버린 상태를 일컫는다. *롄피 호우脸皮厚*는 얼굴이 두꺼워서 체면에 아랑곳하지 않는다는 뜻이고, *몐피 바오面皮薄*는 거꾸로 얼굴이 얇다는 뜻이 담겨 있다. *게이 몐쯔给面子*는 얼굴을 준다는 뜻인데, 내 얼굴을 봐서 체면을 살려달라고 부탁할 때나 네 얼굴을 봐서 체면을 살려준다고 얘기할 때 쓸 수 있는 말이다.

그렇다면 요즘은 어떠할까? 체면을 중시하는 전통적인 관념이 오늘날 젊은층에게도 막대한 영향을 미치고 있을까? 체면이 젊은이들의 행동까지 지배한다고 보기는 어렵지만, 일반적인 중국인의 의식 세계에서 중요한 부분을 차지하고 있는 것만은 분명하다. 대체 중국에서 왜 체면이 중요해졌을까?

《*아큐정전阿Q正传아큐정촨*》으로 유명한 작가이자 사상가인 *루쉰鲁迅*은 중국 농촌의 향토 사회에서 그 원인을 찾았다. 향토 사회에서는 주변이 누구나 다 아는 사람熟人슈런이기 때문에 남을 신경 쓰지 않을 수 없다는 것이다. *루쉰*은 체면에 대한 언급뿐만 아니라 중국인의 기질에 대한 글을 여럿 남겼다. 그는 중국인이 정신세계를 지나치게 강조한 원인이 실질 세계에서 뒤처졌기 때문이라고 일갈했다. *루쉰*은 중국인의 중용사상도 민중을 현실에서 도피시키기 위한 지배계급의 방편 중 하나였다고 말한다. 그리고 역사적으로 폭압 권력들로부터 중국인들이 곤장을 맞게 되면서부터 중국인의 자율적 정신이 추락했다고 설파했다. 그는 근대사회를 맞이해 중국인들이 자신의 정체성에 대한 회고와 반성反思판쓰을 해야 한다고 말하며 중국의 부흥을 기원했다.

나중에 대만으로 건너가게 된 작가 린위탕林语堂도 중국인의 기질에 대한 글을 많이 남겼다. 그가 쓴《내 나라와 내 민족吾国与吾民우궈 위 우민, My Country and My People》이나《중국인의 생활》등을 보면, 중국인에게는 체면面子, 명운命运밍원, 은혜恩惠의 심리가 있는데 그중 체면이 가장 중요하다고 했다. 또 린위탕은 중국인이 수많은 학정과 전쟁을 겪었지만 기본적으로 싸우는 것을 싫어하고, 지족과 안위를 중시하기 때문에 유가적이라기보다는 도가적이라고 보았다. 이 밖에도 린위탕이 분석한 남쪽 중국인과 북쪽 중국인의 차이에 대한 얘기는 아주 유명하다.

캉요우웨이康有为와 함께 변법자강 운동을 했던 량치차오梁启超도 중국인의 기질을 논한 유명한 사상가다. 그는 청나라 말기의 무술정변과 중화민국의 공화정에 가담했고 당시 최고의 천재로 불렸으며, 역사학, 정치학, 법학, 철학, 예술학 등 다방면에서 한국의 근대 사상가들에게 영향을 끼쳤던 인물이다. 그가 파악한 중국인의 기질은 무위의 도교, 개인 해탈의 불교, 그리고 중용의 유교를 기반으로 하지만, 근대화를 이루기에는 근본적인 개혁이 필요한 미완의 대상이었다.

외국인 중에서 중국인의 기질에 대해 논한 사람으로는 아더 헨더슨 스미스Arthur Henderson Smith가 유명하다. 그는 1872년 중국으로 건너와 샨둥성에서 22년 동안 전교 활동을 한 후에, 1894년 《중국인 기질》이라는 책을 냈다. 훗날 이 책은 프랑스어, 독일어, 일본어로도 번역되었다. 그가 본 중국인의 기질은 체면, 근검절약节俭, 근로勤劳, 시간관념 부족缺乏时间观念, 정확성에 대한 소홀忽视精确, 유순하면서 완고함柔顺的顽固性, 수구적守旧 등이다.

길상물로 알아보는 중국인의 속마음

중국인의 문화적 배경을 얘기할 때 빼놓을 수 없는 것이 길상물吉祥物 지샹우인데, 상서祥瑞 샹루이롭고 길吉利 지리한 대상물을 뜻한다. 중국에서 전설의 동물로 일컬어지는 용, 봉황, 기린이 포함되고 장수의 상징인 복숭아, 거북, 소나무도 이에 해당된다. 정월 초닷샛날은 재물의 신을 영접迎财神 잉 차이션하는 날로, 은으로 만든 주판算盘 쏸판을 재물과 보화를 부르는招财进宝 자오차이 진바오 길상물로 본다.

중국인들은 이러한 길상물을 정할 때 '중국어 발음'에 맞추어 뜻을 취하는 해음 취의谐音取意 셰인 취이의 전통을 따른다. 중국인들이 숫자 8을 아주 좋아하게 된 것도 숫자 8빠이 '돈을 번다发财 파차이'의 발음과 통하기 때문이다. 이 해음 취의의 전통은 중국 민속문화의 중요한 특징이며, 민간의 길상은 이를 충실히 따르고 있다. 이러한 점을 알면 중국인을 대할 때 큰 도움이 된다.

해음 취의의 다른 예를 보자. 중국인들은 모든 일이 뜻대로 되기를 바라는 마음을 담아 '만사여의万事如意 완스 루이'라고 인사한다. 여의는 금, 은, 동, 철, 옥, 도자기, 상아, 코뿔소 뿔, 나무, 대나무 등 갖은 재료로 만든, 가려운 곳을 긁는 데 쓰는 길다란 물건의 이름으로도 쓰였다. 여의如意를 감柿子스즈, 사자狮子스즈와 같이 배치하면 '모든 일事事스 이 뜻대로如意'라는 의미가 된다. 작은 상자盒子허즈, 연꽃荷花 허화과 함께 배치하면 '화합和合허허도 뜻대로如意'가 된다. 측백나무柏树바이슈, 감柿子 스즈과 같이 배치하면 역시 '모든 일百事바이스이 뜻대로'라는 상징이 된다. 어린아이가 코끼리를 탄骑象치샹 그림과 함께 배치하면 '길상吉祥 지샹 여의如意'이고, 여의를 병瓶子핑즈에 넣으면 '평안平安 핑안 여의如意'라고 해석하는 식이다.

중국인들이 좋아하고 타인에게 선물하기도 하는 길상 그림, 그리고 그림이 그려진 접시 등에 자주 등장하는 물고기鱼위는 여유余위를 축원하는 뜻이다. 그리고 박쥐蝠푸 그림은 복福푸을 기원하는 의미다. 중국에 박쥐 그림이 그려진 접시가 많은 까닭이다.

이렇게 타인에게 선물을 할 때는 그 의미를 정확히 알아야 한다. 중국에서는 수험생에게 떡糕까오과 쭝즈粽子떡을 선물하는데, '높은高까오 곳에 합격中중하라'는 뜻이다. 중中중은 합격한다는 말도 되지만, 과녁에 꽂히거나 복권 또는 경품에 당첨된다는 의미로도 해석할 수 있다. 신혼부부에게 주는 대추枣자오, 밤栗리, 땅콩花生화성, 용안 리쯔桂圆꾸이위엔는 '귀한 아들貴子꾸이즈을 빨리 낳아라早生자오셩', '귀한 아들貴子꾸이즈이 들어서라孝生리셩'는 축원의 의미다. '아들을 낳는다'라는 뜻의 첨정添丁 텐딩에서 비롯되어 등을 선물하는 송등送灯쑹덩 풍습이 생기기도 했다. 지방에 따라 정丁딩과 등灯덩의 발음이 같기 때문이다.

중국인에게 선물할 때는 이렇게 뜻을 잘 이해하고, 술, 담배, 공예품, 미술품 같은 것을 고르면 큰 무리가 없다. 선물은 가급적 짝수의 쌍으로 줘야 하고, 돈도 짝수로 줘야 한다. 흰색은 장례에나 어울리므로 돈은 빨간 봉투에 넣어서 준다.

이러한 문화를 모르고 선물을 하면 비즈니스를 망칠 수 있다. 우산伞싼이나 부채扇산을 선물하면 '흩어진다散싼'는 뜻이 되고, 시계를 선물送钟쑹중하면 '장례를 치른다送终쑹중'는 의미로 해석될 수 있다. 배梨리를 선물하면 '헤어지자离리'는 뜻이다. 이 밖에 남녀 간에는 신발을 선물하지 않는다.

세대별로 살펴본
14억 중국 소비자

현대사회는 소비자의 생활이 바뀌고 접촉하는 매체가 바뀌면서 시장 세분화Market Segmentation의 방법도 바뀌어야 한다고 강조한다. 이제 세분화되다 못해 파편화Fragmentation되고, 아예 개인화되기까지 한다는 것이다. 그렇지만 역시 시장 세분화의 기본은, 크게 지역 세분화와 인구 세분화의 두 가지로 나눌 수 있다. 지역 세분화는 지리적Geography으로 목표 시장을 나누는 방법이다. 여기서는 먼저 중국의 인구 통계학Demography적인 세대 세분화에 대해 알아보자.

그런데 한국에서 중국시장과 소비자에 대해 말하는 사람은 너 나 할 것 없이 1980년 이후 출생한 세대인 80후80后허우와 더불어, 1990년 이후 출생한 세대인 90후90后허우가 소비의 핵심 세대라고 한다. 과연 이 말이 맞는 걸까? 그렇다면 20년에 걸쳐 있는 80후와 90후 세대 사이에 근본적으로 다른 점은 없을까? 이 점을 알아보기 전에 먼저 중국 세대별 소비자에게 결정적인 영향을 끼친 역사적 주요 변곡점들을 살펴보자.

현대 중국을 바꿔놓은 역사적 사건들

먼저 1949년 신중국 건국을 들 수 있다. 아주 오랜 시간 동안 중국은 왕이나 황제가 지배하는 나라였다. 1911년 손문孫文쑨원이 주도한 신해혁명을 시발점으로 중국은 공화정으로 바뀐다. 중화민국이라는 이름의 나라를 세운 국민당 정부와 마오쩌둥毛澤东이 이끄는 중국공산당은 일본의 침략에 맞서서, 혹은 연합·합작으로, 혹은 결렬·충돌로 공존을 이어갔다. 그리고 일본 패전 후 양 세력의 내전을 거쳐 1949년 10월 1일, 중화인민공화국이 탄생한다. 1949년은 중국인들이 신중국이라고 부르는 시대의 서막을 알리는 변곡점이다. 사회주의 계획경제를 바탕으로 같이 생산하고 같이 먹는 공동 식사의 '큰 솥밥大锅饭따궈판 체제'가 시작된 것이다. 그러니까 1950년대와 그 이전에 출생한 중국인들은 혁명, 건국의 역사를 공유한 사람들이다.

1966년부터 10년간 지속된 문화혁명 역시 빼놓을 수 없는 변곡점이다. 1949년에 신중국이 탄생했지만, 오래된 농업국가인 중국이 더구나 사회주의 체제하에서 국가의 기본적인 경제력을 구축하기란 어려웠다. 정치 건설Political Building에는 성공했지만 경제 건설Economic Building

은 쉽지 않았다. 사회주의 종주국인 소련의 원조마저 노선의 갈등을 거듭하다 끊겼다. 한편 *류샤오치*, *덩샤오핑* 같은 사람들의 주도로 자본주의를 일부 채용한 정책을 실시하게 되었다. 이 정책들이 몇몇 실효를 거두면서 *류샤오치*와 *덩샤오핑*의 기반 또한 강화된다. 프랑스 유학을 다녀와 *마오쩌둥*과 함께 혁명을 이끈 *덩샤오핑*은 건국 공신이지만, 최고 권력자 *마오쩌둥*에게는 껄끄러운 존재가 된 것이다. 그러자 *마오쩌둥*은 1966년을 시작으로 청소년 홍위병을 동원하여 극좌 사회주의 계급투쟁 운동을 전개했고, *류샤오치*, *덩샤오핑* 같은 주자파走资派조우쯔파이들은 실각하게 된다.

　*마오*는 겉으로는 이념 운동을 주창했지만, 실제로는 반대파를 제거하기 위한 권력투쟁이었다. 10년 동안 지식인들은 농촌으로 하방되어 노동을 했다. 여성미를 강조하는 *치파오*는 봉건 자본주의의 상징이므로 당연히 입지 못했다. 그뿐 아니라 교육과 경제 등 대부분의 분야가 정체되어갔다. 1976년 무렵 *화궈펑*华国峰 등이 문화혁명의 남은 주역인 4인방을 숙청할 때까지 문화혁명은 계속됐다. 그제야 *덩샤오핑*도 복권될 수 있었다.

　1978년 *덩샤오핑*이 주도한 개혁 개방은 오늘날 중국 특색 시장경제를 있게 한 가장 중요한 변곡점이다. 1978년 12월 중국공산당 제11계屆제 중앙위원회 제3차 전체 회의, 그러니까 줄임말로 3중전회中全会중췐후이에서 개혁과 개방의 정책이 채택되었다. 개혁은 대내 개혁을, 개방은 대외 개방을 뜻한다. *덩샤오핑*은 마르크스주의를 실사구시实事求是스스치우스적으로 해석하고, 사상 노선과 계급투쟁을 폐기하며, 사회주의의 현대화 건설을 목표로 했다. 그리고 이를 '중국 특색 사회주의'라고 이름 붙였다. 대내 개혁은 상징적으로 특정 농촌이 시범 사례가 되었다. 안후이성의 펑양鳳陽현 샤오깡小崗촌이라는 곳에서, 자기 가정이 생산하는 토지는 자기가 수확한다는 시장경제적 모델이 시작된 것이다.

대외 개방은 이후 단계적으로 이루어진다. 1992년 덩샤오핑이 중국의 上海상하이, 선전深圳, 주하이珠海 등 동남부 연해 도시들과 우한武汉을 돌면서 대외 개방에 더욱 박차를 가하라고 지시한 남순 강화南巡讲话난쉰 쟝화로써 본격적인 개방과 시장경제는 가속화되었다. 김정일이 둘러본 뒤 천지가 개벽을 했다고 말한 上海상하이의 푸동 지역이 이때 개발되기 시작한 곳이다. 중국은 2001년 세계무역기구WTO에 가입한다. 글로벌 경제체제에 적극적으로 편입되는 순간이다. 개혁과 개방 때문에 적지 않은 부작용도 나타났으나, 전반적인 생산 발전과 생활수준 향상의 계기가 된 것 역시 부인할 수 없는 사실이다.

개혁 개방과 더불어 중국 정부의 계획 생육计划生育지화 셩위이 시작된다. 경제개발을 하려고 보니 너무 많은 인구가 큰 부담이 된 것이다. 전통적인 농업국가이지만 식량 자급조차 힘들었다. 이전까지의 중국에는 조혼의 풍습이 있었고, 농업을 위한 노동력을 많이 생산하기 위해 특히 아들을 많이 낳는 것이 장려되었다. 그래서 시작된 계획 생육 정책의 기본이 산아 제한이다. 늦게 결혼하여 늦게 낳고晚婚晚育완훈 완위, 적게 낳아 잘 기르는少生优生샤오셩 요우셩 새로운 정책이 추진되었다.

다만 여기에도 몇 가지 예외 조항은 있다. 소수민족은 둘째를 낳을 수 있다. 재혼을 했거나 부부 중 한 명이 농업에 종사하는데 첫 번째 자녀가 딸이거나 부부가 외아들이거나 외딸인 경우 등에 예외가 적용된다. 이를 어기면 벌금을 물어야 한다. 문제는 도시의 돈 있는 사람들이 벌금을 내면서까지 둘째, 셋째를 낳아 기르고 있다는 점이다. 계획 생육 정책도 중국의 빈부격차 문제를 비껴갈 수는 없다.

또 한 가지 문제점은 빠른 노령화다. 나라가 아직 부자가 되지 못했는데 먼저 늙어버린 미부이로未富而老웨이푸 얼라오의 상황이 된 것이다. 많은 인구를 강점으로 저렴한 노동력을 공급해 경제성장을 견인하는 전형적인 발전모델은 이제 한계에 다다랐다. 2030년이 되면 인도가 세계 1위의 인구 대국이 된다고 한다. 중국의 계획 생육 정책에도 변화가 없을 수 없다. 어쨌든 개혁 개방과 계획 생육의 변곡점은 그 이후 출생한 세대에게, 또 이들을 낳아 기르는 부모 세대에게도 큰 영향을 미친 것만은 분명하다.

60전 세대부터 90후 세대까지

지금까지 '1949년 신중국'이라는 변곡점, '1966년부터 10년 간의 문화혁명' 변곡점, '1978년 개혁 개방과 계획 생육'이라는 세 가지 주요 변곡점을 살펴보았다. 이제부터는 이러한 중국역사의 주요 변곡점을 거치며 살아온 중국 소비자들이 각 세대별로 어떠한 특색을 지녔

는지 살펴보기로 하자.

60전 세대

1960년 이전에 출생한 중국 사람들은 매우 힘겨운 시기를 살아왔다. 1945년 일본의 패전 이전 항일 전쟁의 와중에는 1931년 만주사변이나 1937년 남경 학살 등 일본의 침략을 견뎌야 했다. 그 사이에도 국민당 정부와 중국공산당 간에 수차례의 국공합작, 결렬과 충돌이 있었고, 결국은 두 세력 간의 내전을 통해 1949년에 사회주의 중국이 탄생한다. 건국 초기에 소련의 원조가 있었지만 경제는 어려웠다. 그리고 머지않아 이마저 끊기게 된다. 결국 대약진운동은 실패로 끝났다. 1966년 이후 10년간의 문화혁명은 중국인들의 삶을 더 피폐하게 만들었다. 기아가 만연하고, 지식 청년들은 농촌으로 하방되어 노동으로 연명할 수밖에 없었다.

60후 세대

60후 세대, 그러니까 1960년 이후에 출생한 세대는 운이 좋았다. 1976년이 되어 이들이 8~17세가 될 때 문화혁명은 끝이 났다. 중국 사회의 교육체계가 정상으로 돌아왔다. 공부를 하고 대학에도 갈 수 있었다. 곧이어 개혁 개방이 이루어졌다. 계획경제가 끝나고 시장경제가 활발해졌다. 60후 세대는 청년기에 접어들어 사회생활을 하게 되면서 경제활동을 왕성하게 할 수 있었다.

70후 세대와 80후 세대

70후 세대, 즉 1970년 이후에 출생한 세대는 청소년기를 거치면서 개혁 개방 경제의 첫 혜택을 입었다. 그리고 이들이 청년이 되자 컴퓨터가 등장했다. 개혁 생육의 영향을 거의 받지 않았던 이들 70후 세대의 인구수는 약 2억 7,000만 명이다.

80후 세대, 그러니까 1980년 이후 태어난 세대의 인구는 개혁 생육의 영향으로 줄어들어 약 2억 명이다. 여기서 주의를 기울여야 할 점은, 간혹 피상적으로 중국을 이해하는 사람들이 80후 세대와 90후 세대가 중국 소비의 주체이며, 이들은 같은 시대적 경험을 공유한 세대라고 묶어서 분석하고 있다는 것이다. 그렇지만 이러한 생각은 중국에서 80후 세대가 갖는 상황적인 배경을 잘 몰라서 생긴 일반화의 오류다. 실제 80후 세대는 70후 세대와 90후 세대 사이에서 어려움을 겪는 '낀夹缝쟈펑 세대'라는 점을 고려해야 한다.

이러한 상황을 파악하기 위해 먼저 80후 세대의 선배 세대인 70후 세대가 어떠한 삶을 살아왔는지 들여다보자. 70후 세대가 청년기에 사회생활을 시작할 당시 컴퓨터가 등장했다. 습득의 속도가 빠른 청년기에 접한 컴퓨터는 당연히 70후 세대의 사회생활에 유리하게 작용했다. 그리고 이들이 시간이 갈수록 경쟁력을 갖게 되면서, 비교적 컴퓨터에 익숙하지 않은 바로 앞 세대인 60후 세대를 능가할 수 있게 된다. 70후 세대는 발전이 가속화된 중국의 각 기업, 공공기관 등 조직에 중용되기 시작했다. 70후 세대는 삐삐BP机BP지/ 큐呼机쉰후지가 나오자 이를 구입해서 사용했고, 또 휴대전화手机쇼우지가 등장하자 사서 쓰게 되었다. 연이어 자전거와 오토바이를 버리고 승용차를 굴릴 수 있게 되고, 바로 주택도 구입할 수 있던 세대였다. 70후 세대가 집을 사고 나자, 기다렸다는 듯 중국의 부동산은 폭등하기 시작한다.

반면 80후 세대는 후배 세대인 90후 세대에 비해서는 정보화의 세례를 덜 받았다. 80후 세대가 중·고등학교를 다니던 성장기에 컴퓨터를 처음 접했다면, 90후 세대는 태어나자마자 컴퓨터와 친해질 수 있었다. 그리고 인터넷을 통한 무한 정보화 사회로의 진입도 90후 세대가 훨씬 자연스럽고 신속하게 받아들였다. 중국의 태생적 정보화 세대는 90후 세대인 것이다. 80후 세대는 바로 뒤 세대와의 경쟁에서 밀릴 수밖에 없다. 80후 세대는 70후 세대와의 경쟁에서도 결정적 우위 요소를 갖지 못했다. 조직의 중요 자리는 이미 70후 세대가 차지하고 있고, 80후 세대는 지식의 총량에서도 70후 세대를 압도하지 못한다. 부동산 가격은 이미 천정부지로 올라서 집을 구입하기도 힘들다. 70후 세대가 은퇴한다고 해도 그때면 이미 80후 세대는 50세를 넘기는, 그런 세대인 것이다.

90후 세대

90후 세대, 즉 1990년 이후에 태어난 세대는 태생적으로 정보화 세대이고 인터넷 세대다. 계획 생육 정책의 전면적인 영향을 받았기 때문에, 90후 세대의 전체 인구는 약 1억 4,000만 명으로 70후 세대의 반밖에 되지 않는다. 이들 90후 세대는 경제발전이 어느 정도 이루어진 다음 청소년기에 접어들었으므로, 별 어려움 없이 자라난 전형적인 소황제小皇帝샤오황띠, 소공주小公主샤오꿍주 세대라고 말할 수 있다. 앞 세대들은 90후 세대의 정신력이 부족하다고 지적하며, 나약한 모습은 국가 대항 단체 스포츠 경기에서도 나타난다고 말한다. 그러면서도 앞 세대들은 90후 세대의 소비생활에 대해서는 비교적 관대하다. 90후 세대도 어릴 때부터 부족함 없이 자라서인지, 괜찮은 물건이 보이면 언제든지 지갑을 열 태세가 되어 있는 듯하다.

소비자의 모습을 통해
중국시장을 읽는다

우리는 앞에서 세대별 중국 소비자의 특성을 살펴보았다. 이는 단순한 연령의 차이 때문이 아니라 사회의 급속한 변화가 낳은 결과이기도 하다. 하지만 변화와 경제발전이 긍정적인 효과만 불러온 것은 아니다. 빈부격차, 과도한 교육열과 집값 폭등 등 부작용 역시 만만치 않다. 여기서는 변화에 따른 중국 소비자들의 모습을 통해 중국시장을 좀 더 자세히 읽어보자.

시밀락 분유, 중국인의 아이 사랑

한때 한국에서도 자기 아이에게 시밀락 분유를 먹이려는 엄마들이 제법 있었다. 지금 중국이 그렇다. 소황제와 소공주에게 좋은 것을 먹

:: 중국인이 좋아하는 금색 띠로 디자인된 서양산 분유들

이고 싶은 엄마의 마음이다. 게다가 중국의 국산 분유는 품질 문제로 연일 언론에 오르내리니 마음이 놓이질 않는다. 애보트雅培야페이사의 시밀락Similac, 金裝智护진쫭 즈후을 비롯해 미국, 뉴질랜드, 오스트레일리아, 네덜란드, 스위스, 프랑스의 분유들이 다 중국에 들어와 있다. 수입 완제품도 있고, 대량으로 들여와 작은 포장용기에 나누어 담은 소분 제품도 있다. 중국 엄마들이 홍콩에서 서양 분유를 보따리로 들여오자, 중국 당국에서 반입 수량을 제한했을 정도다. 중국의 유통점에는 중국인이 좋아하는 금색 띠를 두른 디자인의 서양산 분유들이 즐비하다.

마텔美泰메이타이사는 바비뮵比바비 인형으로도 유명하지만, 예쁜 색깔과 깔끔한 마무리의 플라스틱 완구 피셔프라이스费雪페이쉐로도 잘 알려져 있다. 피셔프라이스 자동차나 소꿉놀이 세트는 적지 않은 가격임에도 잘 팔린다. 수백만 원대의 외제 유모차도 흔하다. 또 중국 엄마들 사이에서는 한국에서 만든 유아용 세탁비누와 모유 저장 용기가 인기다. 한국 가는 사람에게 부탁하기도 하고, 중국의 인터넷 쇼핑몰에서 구매하기도 한다.

엄마, 아빠, 네 명의 조부모까지 어른 여섯이 아기 하나를 쳐다볼 정도로, 중국인의 아기 사랑은 대단하다. 조부모들은 육아에도 적극적으로 참여한다. 아기가 재롱을 부리면 여섯 명의 어른이 좋아서 뒤로 넘어간다. 그러니 아기를 위한 소비가 아까울 리 없다.

신동방과 중국 학생들, 영어에 열광하는 나라

신동방학원은 1993년에 설립된 중국의 거대한 학원 체인이다. 유치원, 초등학교 어린이 보습부터 고입中考중카오, 대입高考까오카오, 전국의 대학생들이 봐야 하는 영어 고시四六級쓰리우지, 대학원 입학시험考研카오옌, SAT, 토플托福퉈푸, GRE, GMAT와 공무원 시험에 이르기까지 한국 뺨치는 사교육의 전당이다. EF英孚잉푸 학원 같은 영어 전문학원도 있다.

중국에서 영어를 자식에게 가르치려는 부모들의 노력은 대단히 가상하다. 길거리를 가다 보면 자기 아이에게 서툰 영어로 말을 건네는 부모가 제법 눈에 띈다. 영어 한마디라도 더 가르쳐보려는 중국 부모

:: 지하철에서도 영어학원을 판촉하는 모습을 볼 수 있다

의 마음이다. 현재 중국은 영어 때문에 몸살을 앓고 있다. 지하철역에
는 영어로 인생을 바꿔보라는 영어학원 포스터가 붙어 있다.

젊은 세대의 언어생활에도 이미 적지 않게 영어가 들어와 있다. 예
를 들어 젊은이들이 흔히 쓰는 말인 'AA제制즈'는 '더치페이'라는 뜻
이다. 요즘은 언론에서도 외래어를 알파벳 그대로 쓰기도 한다. 사실
이제껏 중국인에게 영어는 낯선 언어이자 문자였다. 중국의 지방 도
시에서는 아직도 영어로 된 간판을 내걸기가 쉽지 않다. 대다수 사람
이 잘 알아보지 못하기 때문이다.

애당초 중국 당국이 세운 원칙은 외국어든 외래어든 모두 한자로
표기하는 것이었다. 그러다 보니 외래어인 '레이더radar'와 고유명사
인 '라도RADO' 시계의 한자가 모두 雷达레이다로 같아지는 등 헷갈리

는 경우도 생겼다. 동일한 외국인의 이름도 번역하는 사람에 따라 표기가 달라지는 일이 흔하다.

영어 얘기가 나온 김에 상식 차원에서 조금 더 알아보자. 외래어를 한자로 표기하는 방식 중에는 그 뜻을 해석해 조어하는 방법도 있다. 예를 들면 크로스오버crossover 차량을 교차형 승용차交叉型乘用车 자오차싱 청융처로 표현한다든지, '중고품'이라는 뜻의 세컨드 핸드second hand를 이수二手 얼쇼우로 표기하는 식이다.

중국에서는 당연히 외국의 나라 이름도 한자로 표기해왔다. 사우디아라비아의 발음을 *샤터아라보*沙特阿拉伯로 표기하는 것과 같은 식이다. 한편 우리나라 사람들이 느끼기에 익숙한 나라 이름도 있다. 미국美国 메이궈, 일본日本 르뻔, 영국英国 잉궈 등이다. 한국에서 한자식으로 불렀던, 눈과 귀에 익은 나라 이름도 있다. 우리가 '서반아'라고 불렀던 에스파냐西班牙 시빤야와 '애급'이라고 불렀던 이집트埃及 아이지는 중국에서도 역시 서반아, 애급이다. 그렇지만 한국에서 쓰는 한자 이름과 중국에서 쓰는 한자 이름이 다른 경우도 많다. 우리가 쓰는 독일独逸을 중국에서는 덕국德国 더궈이라고 쓴다. 우리는 불란서佛兰西라고 부르지만 중국인들은 법국法国 파궈이라고 한다. 한국인이 아는 이태리伊太利가 중국에서는 의대리意大利 이따리다. 네덜란드인 화란和兰을 중국인들은 하란荷兰 허란이라고 칭한다. 한국인에게 아프리카 대륙을 뜻하는 아주阿洲가 중국인들에게는 비주非洲 페이저우다. *페이저우*는 아페이리쟈저우阿非利加洲의 줄임말이다. 그래서 중국에서는 남아공南阿共이라고 애기하면 못 알아듣는다. 중국에서 남아공은 남비南非 난페이이다. 러시아의 경우 중국에서 아라사俄罗斯 어뤄스라고 부르는데, 한국에서는 아라사와 노서아露西亚가 혼용되고 있다.

중국어의 고어 발음이 현대 표준어가 되면서 바뀌기도 한다. 스위스를 중국 사람들은 루이스瑞士라고 하고 스웨덴은 루이뎬瑞典이라고 부른다. '상서로울 서瑞' 자의 중국어 고어 발음은 'ㅅ' 발음에 가까웠으나, 표준어로 오면서 '루에이RUI'로 변했다고 한다. 아직도 중국어 고어의 모습이 남아 있는 중국 남방 계열 언어에서는 스위스를 'ㅅ' 발음으로 읽는다. 한국에서 스위스를 '서사', 스웨덴을 '서전'이라고 읽는 것과 일맥상통한다.

다시 중국의 교육 이야기로 돌아가보자. 앞서 얘기한 학원培训班 페이쉰빤/ 补习班 부시빤 말고도, 개인 지도辅导 푸다오, 가정교사家教 자쟈오 등 다양한 모습의 사교육이 성행하고 있다. 사회주의 체제인 중국에서 과거에는 존재할 수 없었던 비非공교육적인 모습을 많이 볼 수 있는 것이다. 중국의 학제 중에서 사회주의적인 특징을 느낄 수 있는 것이 '취학 전 교육'이다. 사회주의 국가의 특성 중 하나가 여성의 노동력을 중시하는 것이므로 아이를 맡겨야 하기 때문이다. 그래서 중국의 학제에는 유아원幼儿园 요우열위엔, 학전반学前班 쉐쳰빤, 탁아소托儿所 퉈얼숴 등으로 세분화된, 많은 취학 전 교육기관들이 있다. 당연히 소황제를 맡겨야 하는 부모의 눈에는 차지 않을 터. 그래서 일어나는 사기 사건도 있다. '아동교육 발전 센터'라는 간판을 내걸고 고가의 사립 유아원을 차린 일당이 원비를 챙겨 도망가버리는 식이다.

참고로 취학 후의 중국 학제는 다음과 같다. 우리의 초등학교에 해당하는 것은 소학小学 샤오쉐이다. 우리의 중·고등학교를 합친 교육기관이 중학中学 인데, 그중 중학교를 초중初中추중이라고 하고 고등학교를 고중高中까오중이라고 부른다. 중국에서는 대학교가 아니라 대학大学 따쉐인데, 상황에 따라 고교高校 까오샤오라고 하기도 한다. 대학교 중 4년제는 본과本科 번커로, 전문대는 대전大专 따쫜으로 나눈다. 대학원은 연구생원研究生院 옌지우셩위엔이고, 대학원생은 연구생研究生 옌지우셩이다.

중·고등학교도 차별화가 가속화되고 있다. ○○실험학교라고 이름 붙인 수준 높은 학교도 있고, 각 명문대의 부속 중학교, 외국어 대학 부설의 외국어 학교도 인기가 높다. 외국인 대상의 국제 학교에 들어가는 또 다른 차원과 부류의 중국인들도 생겨나고 있다.

중국의 대입 제도에서도 기회 불균등의 모습을 볼 수 있다. 중국의 수능시험은 *까오카오*高考인데, 시험은 반드시 자기 호적이 있는 곳에 가서 치러야 한다. 가령 농민공의 자식은 고향으로 돌아가서 시험을 봐야 하는 것이다. 대학입학 사정 시 커트라인도 해당 도시의 사람과 그 밖의 지역 사람에게 다르게 적용된다. 물론 해당 도시 호적의 학생이 유리하다.

한편 해외 유수의 대학들도 중국으로 많이 들어오고 있다. 중국의 기존 대학 캠퍼스 내에 들어오는 경우도 있고, 중국에서의 교육기간과 해외에서의 교육기간을 나누어 하는 1+3, 2+2, 3+1 방식, 그리고 교환학생 제도도 활발하게 운영한다. 이 밖에 뉴욕 대학교 상하이캠퍼스처럼 독자적인 캠퍼스를 세워서 진출하는 곳도 생겨나고 있다.

'일한'을 사랑하는 중국 청소년

중국의 중고생들은 '새싹이 움트다'라는 뜻의 '멍萌'이라는 말을 많이 쓴다. 그들만의 은어다. 예를 들어 차오멍超萌이라고 하면 '아주 끝내준다'는 뜻이고, 매력적이거나 귀여운 대상에게도 멍이라는 말을 써서 다양하게 표현한다. 이 말은 일본의 애니메이션에서 온 것이다. 원래 일본 애니메이션에서 '화끈하게 불타오르다'라는 뜻의 모에-燃(も)え-가 같은 발음의 모에-萌(も)え-로 변형된 것인데, 중국 청소년들은 멍萌의 원래 뜻은 아랑곳하지 않고 쓰고 있다.

많은 중국 청소년들이 일본과 한국의 대중문화를 좋아한다. 그리고 미국 드라마도 즐겨 본다. 이들에게 항일 전쟁이나 미 제국주의는 그리 심각한 문제가 아니다. 중국 청소년들은 한국과 일본 학생들처럼 세련된 교복을 입고 싶어 한다. 중국에도 교복이 있긴 하지만, 한국이나 일본의 것과는 사뭇 다르다. 일부 학교는 바지와 치마의 교복을 정해 입게 하지만, 대부분의 학교에서는 우리가 흔히 '추리닝'이라고 하는 운동복을 교복으로 입는다. 등·하교를 할 때도 이 옷을 입는다. 얼핏 보면 참 합리적이다. 운동장에서는 말할 것도 없거니와 교실에서

:: 일본의 인기 캐릭터인 헬로 키티 판촉무대

공부할 때도 매우 편할 듯싶다. 그렇지만 막상 당사자들은 마땅찮다. 편한 것도 좋지만 무릎과 엉덩이가 튀어나오는 운동복보다는 일본과 한국의 드라마에 나오는 교복이 그들의 눈길을 사로잡는다. 중국에는 일한 음악, 일한 드라마, 일한 예능, 일한 화장법, 일한 패션 등 '일한'으로 시작하는 말이 참 많다. 심지어 인터넷에는 일본과 한국의 멋있는 교복 품평 순위도 올라와 있다.

중국 여성의 이상형, 고부수

고부수高富帅까오푸슈아이란 중국 여성이 바라는 이성의 모습을 나타낸 말이다. 키가 커야 하기 때문에 '고', 돈이 많아야 하기 때문에 '부', 잘생겨야 하기 때문에 '수'다. 그럼 거꾸로 남성이 바라는 이성의 모습은 무엇일까? 백부미白富美바이푸메이다. 흰 피부를 선호하기 때문에 '백', 돈이 많아야 하니까 '부', 예뻐야 하니까 '미'다. '부'는 남녀 모두가 빠짐없이 선호하니, 세태를 정확히 반영한다고 볼 수 있다.

중국 남자로서 고부수가 되려면 해외유학 정도는 다녀와야 한다. 해외에 나갔다가 중국으로 돌아온 사람들을 하이꾸이海归해귀/ 海龟해구라고 부른다. 고향에 돌아와 폼 잡는 바다거북인 셈이다. 해마다 수십만 명의 학생들이 해외로 나가고 있다. 미국, 오스트레일리아, 일본, 영국, 캐나다 등지가 인기 지역인데, 중국 유학생의 숫자는 이미 각 나라에서 모두 수위를 점하고 있다.

적령기가 되면 결혼을 하는데, 중국은 인구가 많으니 짝을 찾는 방식도 다양하다. 부모들이 공원에 모여 각자 자기 자식들의 사진과 프로필을 널어놓고 흥정하듯 짝을 찾는 마당도 제법 눈에 띈다. 짝짓기 미팅相亲상친 프로그램이 인기를 띠면 방송국마다 우후죽순처럼 비슷한 방송을 제작하기도 했다. 쟝쑤위성텔레비전의 '페이청 우라오非诚勿扰', 후난위성텔레비전의 '워먼 위에후이바我们约会吧', 상하이동방위성텔레비전의 '바이리 탸오이百里挑一' 같은 프로그램들이 시청률이 높다. '페이청 우라오'라는 프로그램은 여성 수십 명이 패널로 나와 남성 출연자가 등장하면 그를 평가하는 방식이다. 방송 회차에 따라 외국 남자들만 출연하는 특집을 짜기도 한다. 지금까지 각각 오스트레일리아, 미국, 캐나다, 독일, 영국, 프랑스, 뉴질랜드, 한국 특집이 있었다.

중국은 전통적으로 남자가 많은 남초현상을 보인다. 게다가 여자는 자기보다 조금이라도 조건이 나은 상대와 결혼하기를 희망하고, 남자는 반대로 자기보다 약간 모자란 조건의 상대를 선호한다. 그러니 결혼 적령기의 남녀 숫자가 맞을 리 없다. 이러한 상황에서 중국 교육부가 2007년에 발표한 신조어에 포함된 '잉남剩男셩난'은 남아도는 잉여 남자를 뜻하는 말이다. 물론 독신 생활을 즐기는 일부분의 자발적 미혼남도 포함되어 있다. 이러한 세태를 풍자해 젊은이들 사이에서 널리 회자되고 있는 말이 댜오쓰屌丝다. '댜오'는 '남자의 생식기', '쓰'는 '실'이라는 뜻으로, 결국 돈 없고 집안 배경도 부실하고 일자리도 마땅찮은 남자를 가리킨다. 한마디로 '찌질이'다. 여자들이 결혼 상대 목록에서 지워버리고 싶은 대상이다. 이런 말을 남자들은 자조적으로 쓰기도 하고 여자들은 남자에게 대놓고 쓰기도 한다. 고부수와 정반대 개념인 셈이다.

한국과 마찬가지로 중국에서도 청년취업이 심각한 문제다. 대졸자는 5배 가까이 늘었는데, 공무원, 국영기업, 외국계 기업 등 좋은 일자리는 한정되어 있다. 중국은 전통적인 통념상 자기 장사를 하는 것을 좋게 보는 편이고, 직장생활을 하는 지금 기성세대 중에서도 궁극적인 목표는 자기 사업이라고 말하는 사람들이 적지 않다. 그렇지만 요즘 젊은이들은 일편단심 공무원 취업을 목표로 삼아 좌고우면하지 않는 이들이 많다. 창업은 불안하고 사영 기업은 스트레스가 많아서 싫다는 속내일 것이다. 그리고 공무원은 부모들이 자식에게 가장 바라는 직업이기도 하다. 대학가에서는 스티브 잡스 사진을 걸어놓은 창업 동아리도 찾아볼 수 있고, 창업 세미나도 심심찮게 열리곤 한다. 그래도 실제로 취업을 준비하는 청년들을 보면 공무원, 국영기업 바라기가 다수이다. 그렇게 취업해서 월급을 받아도 '백광족白光族바이꽝주' 으로 사는 이들이 적지 않다. 한마디로 한 달 벌어서 한 달 먹고 저축은 하지 않는 젊은 계층이다. 어차피 돈 모으기도, 집 사기도 힘든 마당에 버는 족족 다 써버리겠다는 심산인 사람들이다.

원조와 중국 장년층

원조援朝는 중국어로 '조선을 돕다'는 뜻이다. 우리가 '육이오'라고 부르는 한국전쟁을 중국 사람들은 '항미 원조抗美援朝 캉메이 위엔차오 전쟁'이라고 한다. 미국에 대항하고 조선, 즉 북한을 도운 전쟁이라는 의미다. 이 전쟁에 마오쩌둥의 맏아들 마오안잉毛岸英도 참전해 전사했다. 이를 기억하는 세대가 아직 많으며, 이들에게는 여전히 반미의 정서가 남아 있다.

사실 중국의 국영 언론들이 미국이나 서방에 대해 보도하는 평소 태도도 그리 곱지는 않다. 그 배경에는 총체적인 국제정치의 역학이 존재한다. 아무튼 중국에서 미국의 자연재해나 총기 사고는 비교적 상세히 다루는 편이다. 미국의 해커黑客헤이커들이 중국을 공격한다는 소식에는 앵커가 단호한 표정을 짓고, 미국이 일본이나 필리핀 또는 인도 같은 국가와 합동 군사훈련을 하면 우려 섞인 시선을 보내기도 한다. 반면에 반미 성향의 국가나 과거의 비동맹 또는 제3세계 국가들과 관련된 보도는 상대적으로 우호적이다. 중국은 베네수엘라, 쿠바, 리비아 같은 국가에 기본적으로 친근감을 갖고 있다. 시리아나 이집트 같은 국가도 친 서방 정권이 들어서느냐 아니냐에 따라 보도의 태도가 달라진다.

요즘은 서방세계와 경제적인 교류도 잦고 유학생이나 여행자 등의 인적 교류가 많은데도, 수십 년간 중국인들의 관점을 지배했던 정서의 뿌리가 그만큼 깊은 것일까? 웨이보에는 미국 기업이 연관된 소비자 문제가 생기면, 역시 미 제국주의 기업이라 그렇다는 취지의 글이 올라오곤 한다.

한편 사회주의의 원조元祖이자, 20세기 초 중국공산당과 1950년대 신중국에 대한 원조援助를 해주었던 구소련, 러시아에 대한 중국 사람들의 정서는 다소 복잡한 것 같다. 전반적인 정서는 우호적이다. 대개의 조사를 보면, 중국인이 좋아하는 나라 1위는 러시아가 차지한다. 러시아에 대한 국가별 호감도도 70~80% 수준으로 높다. 중국에서 유용한 언어가 무엇이냐는 질문에도 러시아어가 상위에 꼽힌다.

흥미로운 사실은 중국인들이 즐기는 문학, 음악 등 문화 콘텐츠 측면에서도 러시아의 영향이 지대하다는 것이다. 예를 들어 중국인들에게 좋아하는 해외문학을 꼽으라고 하면, 톨스토이托儿斯泰퉈얼스타이, 푸시킨普希金푸시진, 고리키高尔基까오얼지를 언급한다. 중국인들이 좋아하는 외국 노래 순위에는, 소련 시절의 기록영화 〈운동회의 하루〉 삽입곡인 '모스크바 교외의 저녁莫斯科郊外的晚上, Подмосковные Вечера'이라든지 러시아의 민요인 '트로이카三套车, Тройка' 등이 오른다. 러시아와 중국에서 조국 수호전쟁이라고 일컬어지는 제2차 세계대전 당시의 노래인 '소로小路, Дороженька'는 덩리쥔邓丽君을 비롯해 8명의 중국 가수가 번안해서 불렀을 만큼 중국에서 사랑을 받았다. 클래식도 차이코프스키柴可夫斯基차이커푸스지의 '슬라브 행진곡斯拉夫进行曲 스라푸 진씽취' 등이 인기가 있다.

이처럼 오래된 친구인 러시아지만 중국인들에게는 애증의 양면이 존재하는 것 같다. 1960년대 이후의 중소 간 노선 갈등과 그로 인한 소련의 경제 원조 중단은 중국 대약진운동을 좌절시키는 원인 중 하나가 되었다. 짜르 러시아가 청나라로부터 연해주를 강탈해 갔다고 생각하는 역사도 쉽게 지워지지 않는 감정이다.

국경을 길게 마주하고 있는 중국과 러시아의 인연은 이뿐만이 아니다. 중국이 역사의 한 부분으로 보고 있는, 원나라의 몽골이 러시아 땅의 대부분을 점령했던 13세기의 모습도 남아 있다. 지금 키예프에는 황금의 문 같은 유적이 있고, 러시아 민족에게 아직도 공포로 남아 있는 타타르韃靼 따따의 멍에, 기억이 있다. 러시아 만두인 뺄메니Пельмени나 단조풍의 구슬픈 러시아 민속음악은 동양과 서양의 조합이 오묘하게 느껴진다.

한편 1917년 10월의 러시아혁명 이후 볼셰비키에 패주한 백군들이 중국으로 이주해온 역사도 있다. 러시아인은 무색의 증류주인 보드카를 마실 때 첫 잔은 남기지 않고 모두 들이켠다. 중국인도 무색의 증류주인 백주를 마실 때 첫 잔은 '깐'을 외치고 잔을 비운다. 역사 속에는 이렇게 백주의 문화 속으로 들어온 이주 러시아인들도 있었다. 역사의 소용돌이에 따라 그 안에서 사는 사람들이 겪었던 모습이다.

잠시 우리 민족의 곡절 많은 역사와 얽힌 중국과 러시아 두 나라의 이야기를 하고자 한다. 바로 일제 강점기에, 혹은 독립운동을 위해, 혹은 강제징용으로, 혹은 구황救荒을 위해 중국으로, 러시아로 넘어갈 수밖에 없었던 우리 선조들의 얘기다. 중국을 택한 사람들은 주로 간도로, 러시아로 건너간 사람들은 주로 사할린과 연해주에 이르렀다. 중국으로 간 이들은 조선족이 되고, 러시아로 간 이들은 고려인이 되었다.

이들 조선족, 고려인 중 음악인 이야기를 해보자. 러시아 록 음악의 대부는 빅토르 최Виктор Цои다. 중국에서 러시아 록 음악의 영향을 받은 사람들은 그를 웨이커둬 추이维克多崔라는 이름으로 알고 있다. 그는 1962년 구소련 카자흐스탄에서 한국인 2세인 아버지와 우크라이나계 어머니 사이에 태어났다. 다섯 살 때 레닌그라드, 즉 지금의 상트페테르부르크로 이주한 빅토르 최는 1990년 자동차 사고로 사망할 때까지 짧은 인생을 러시아 록 음악의 천재로 살았다. 지금도 모스크바 한복판 아르바트에 그의 기념비가 있다. 공교롭게 중국 록 음악의 아버지도 우리 민족인 최씨다. 바로 1961년생 최건崔健 추이젠이다. 우리 민족에게 원래 음악적인 피가 흐르는 것인지, 아니면 민들레씨처럼 이국땅에 흩뿌려진 정서가 음악으로 승화되었는지는 알 수 없다. 하지만 우리가 지금 살고 있는 현재보다 불과 100여 년 전에 이 땅과 우리 민족에게 모진 역사의 풍파가 있었고, 고난 속에 살아온 사람들이 있었던 것만은 분명하다. 그리고 그 이야기의 흔적은 조선족으로, 고려인으로 남아 있다. 우리는 역사를 기억하는 민족에게만 미래를 통찰할 힘이 허락된다는 점을 마음 깊이 새겨야 한다.

다시 중국과 러시아의 관계로 돌아가자. 이제 러시아와의 향후 관계를 어떻게 설정하는가는, 국제 관계의 지형도에서 대국을 지향하는 중국에게 중요한 부분이 아닐 수 없다. 국가주석 취임 후 처음 미국 대통령을 만난 *시진핑*習近平이 강조한 것도 호혜 공영의 '신형 대국 관계新型大国关系신싱따궈꽌시'였다. 중국과 러시아는 지정학적으로 떨어질려야 떨어질 수 없는 인접 국가이자, 정치적으로는 전략적 협력자이고 경제적으로는 파트너다. 과거 사회주의 이웃이었던 두 국가가 선택할 방향은 우리와도 밀접한 관련이 있다.

퇴휴와 중국 노인, 빠르게 늙어가는 나라

중국말로 퇴휴退休투이시우는 '은퇴'라는 뜻이다. 퇴휴한 노인의 숫자가 너무 급속하게 늘어난다는 점이 중국의 경제적·사회적 문제로 대두되고 있다. 개혁 개방과 함께, 지나치게 많은 인구의 압력으로부터 일정 기간 벗어나기 위해 채택한 것이 개혁 개방 정책이었다. 그런데 아직 나라는 부자가 되지 못했는데 인구 구성비가 너무 늙은 모습이 된 것이다. 생산 가능 인구는 줄어들었는데 부양해야 할 노인들은 많아졌다.

일반적으로 65세 이상 인구 구성비가 인구의 7%를 넘으면 고령화 사회, 14%를 넘으면 고령 사회, 20%를 넘으면 초고령 사회라고 한다. 한국은 2000년대 중반에 이미 고령화 사회에 도달했고, 2030년이면 65세 이상 노인 인구가 전체 인구의 30%를 넘어설 전망이다. 중국 역시 2010년에 8%, 2020년에 15%, 2030년에 25%가 될 추세라 빠른 속도로 초고령 사회에 진입할 것으로 사회과학원은 내다보고 있다.

현재 중국의 노인들에 대한 공적 사회 안전망은 상당히 취약한 편이다. 노인 권익 보장법이 제정되어 생활보호, 의료, 문화의 권리 등이 법으로 규정되어 있기는 하나, 실제로는 부양 의무자인 개인에게 많은 부분을 의존하고 있다. 농촌의 경우에는 의료와 연금 혜택에서 도시 지역 노인에 비해 더욱 소외되어 있다.

도시 지역에 거주하며 자녀를 다 키우고 일정 정도의 경제력이 있는 노인들은 소비의 여력이 있다. 당이나 조직의 간부 출신이거나, 개혁 개방 이후 도시 근교 상품성 부동산의 거래 과정에서 부를 쌓은 부류, 그리고 시장경제에 빠르게 적응해 사업에 뛰어든 사람들이 여기에 속한다. 중국의 부동산은 기본적으로 국유 개념이지만, 개혁 개방 이후에는 국유 개념이 섞인 '보장성 부동산' 외에 거래 가능한 '상품성 부동산'을 당국이 유통시키기 시작했다. 이 과정에서 재물 운이 좋은 부자 노인 계층도 출현하게 됐다.

이렇게 경제력을 갖춘 노인들의 소비를 보상성 소비補償性消費 **부창싱 샤오페이**라고 한다. 은퇴 전까지 허리띠를 졸라매고 절약했던 사람들이 이제는 자기 자신을 위해 소비할 수 있는, 또 어느 정도까지는 소비 자체를 즐길 수 있는 상태가 되었다는 뜻이다. 그래서 이러한 노인 소비자를 겨냥한 상품들이 대거 등장하고 있다. 노년 상품老年产品 **라오녠 찬핀**, 백발 상품银发产品 **인파 찬핀**, 실버 상품银色产品 **인써 찬핀**이라는 이름으로 노인들을 직접 공략하기도 하고, 약간 용어를 순화해 중노년 상품中老年产品 **중**

라오녠 챤핀이라고 한다거나, 풍년 상품熟年产品슈녠 챤핀이라고 표현하기도
한다.

중국에서 초등학생까지는 아이 혼자서 등·하교를 하지 않는다. 그
래서 등·하교 때 할아버지, 할머니가 학생 가방을 어깨에 메고 아이의
손을 잡고 걸어가거나 자전거 또는 전기 자전거에 태워 가는 모습을
쉽게 볼 수 있다. 중국에서는 여성, 즉 엄마도 직업을 갖는 것이 자연
스럽기 때문에 조부모가 육아에 참여하는 경우가 많다. 경제력이 있는
노인의 소비에는 이렇게 손자, 손녀를 위한 소비도 포함된다.

중국의 노인 시장 중에서 대표적으로 의약품 시장을 살펴보자. 중
국의 노인 의약품 시장에 주목하는 외국계 기업이 많다. 중국의 노인
인구도 급증하고 있고, 65세 이상 인구는 그보다 어린 인구에 비해
약품 소비를 3배 이상 하는 것으로 알려져 있기에 시장 잠재력은 클
수밖에 없다. 현재 중국 의약품 시장에서는 화학약품 제제, 중의학 한
방 성분의 약, 생약의 순으로 소비되고 있다. 그리고 앞으로 노인 인
구가 늘어날수록 광의의 부가가치적인 개념까지 포함된 헬스케어 시
장이 확대될 것이다. 컨설팅회사 매킨지는 2020년 중국의 전체적 헬
스케어 시장을 약 1조 달러 규모로 전망했다. 이에 따라 한국의 의약
기업들도 속속 중국시장에 진출하고 있다.

지녀, 중국 여성의 로망

지녀知女즈뉘란 누구인가? 중국에서 지녀란 어느 정도 교육을 받고 독립적으로 생활할 능력과 의지를 갖춘 여자를 가리킨다. 자발적이든 비자발적이든 독신생활을 하는 여자는 '잉여 여자'라는 뜻을 지닌 신조어 '잉녀剩女성뉘'라고 부른다. 인터넷상에서 거론되는 대표적인 지녀 몇 명을 살펴보자. 방송국에서 금융 관련 프로그램을 진행하는 쩡쯔모曾子墨는 대학에서 금융을 공부하고 미국 유학을 다녀온 재원이다. 야오천姚晨은 영화배우인데, 소셜 미디어 웨이보에서 수천 만 명에 달하는 엄청난 수의 팔로워에게 영향력을 끼치고 있다. 이넝징伊能靜은 작가이자 가수, 연기자, 사회자 등 다방면에서 활동하고 있다. 중국 사람들은 이렇게 언론계 지녀, 경제계 지녀, 연예계 지녀 등 분야별로 나누어 거론하기도 하고, 또는 선망의 대상으로, 또는 질시의 대상으로 얘기하기도 한다.

사실 중국 여자들이 마음속으로 부러워하던 신여성은 과거에도 있었다. 《색계色戒써제》, 《붉은 장미와 흰 장미紅玫瑰与白玫瑰 홍메이구이 위 바이메이구이》 등의 작품을 쓴 장아이링张愛玲 같은 이다. 그녀는 1920년 상하이의 청나라 권세를 누리던 집안에서 태어나 홍콩 대학교를 다녔다. 이후 소설, 대본, 수필 등 작품 활동, 친일파 기혼자와의 교제와 결혼, 도미, 서양인과의 재혼 등 미국 로스앤젤레스에서 세상을 떠나던 75세까지 숱한 화제를 모은 당대의 자유 여성이었다. 이제 현대의 중국에도 자의 반 타의 반으로 지녀 대열에 합류하려는 여성이 많아졌다.

:: 초럭셔리 웨딩드레스 브랜드 베라왕의 매장

전통적으로 여성 노동력을 중시해온 사회주의권에서 여성의 사회 진출이 새로운 화두는 아니다. 그럼에도 중국에서 지녀 담론이 등장한 배경에는 대학 교육의 확대와 만혼이라는 새로운 풍조가 존재한다. 한마디로 골드 미스Gold Miss가 많아진 것이다. 원래 중국은 조혼 풍습을 따랐는데, 계획 생육 정책에서는 오히려 만혼이 신식으로 장려되었다. 게다가 고등교육의 기회가 늘어나고 경제 규모가 커지면서 경제력 있는 여성이 많아졌다. 물론 이들이 형성하는 소비시장도 커지고 있다.

한편 부유층 여성을 목표로 중국시장에 진입하려는 시도도 꾸준하다. 이른바 명품 브랜드, 즉 중국에서 사치품奢侈品셔츠핀이라고 불리는 제품은 대도시 도입기와 성장기를 거쳐, 이제 지방 도시로 유통을 확장하고 있다. *상하이* 같은 대도시에서는 기존 명품 브랜드는 성숙기를 맞은 반면, 베라왕Vera Wang 같은 초럭셔리 브랜드들이 들어오고 있다. 이를테면 *상하이* 최고의 패션 거리인 *화이하이루*淮海路에 문을 연 베라왕의 경우 10만 위안에서 50만 위안에 이르는 드레스를 팔고 있다.

양지가 있으면 음지도 있는 법. 중국인들의 관념에서 배금주의의 비중이 높아지자, 이것을 좇는 남녀의 군상이 *웨이보*를 장식하고 있다. 바로 첩 문화다. 돈이나 권력이 있는 남자의 첩을 제삼자第三者**디싼저**, 소삼小三**샤오싼**, *후리징*狐狸精, 또는 얼나이二奶라고 부른다. 제삼자란 '남의 가정에 끼어든 제삼의 인물'이라는 의미다. 후리는 '여우'라는 말인데, 여우처럼 남의 남자를 홀렸다는 얘기다. 얼나이는 '두 번째 유방'이라는 뜻이다. 간다干爹**깐뎨**는 원래 '의붓아버지'라는 뜻인데, '*샤오싼, 디싼저*를 거느린 남자'라는 의미로 통용되고 있다.

중국,
생산기지에서 소비시장으로

오늘날 중국의 경제가 세계경제에서 차지하는 비중은 과거와는 비교할 수 없을 만큼 높아졌다. 유럽과 일본이 저성장 국면인 데다가, 새로운 성장을 주도할 것이라 믿었던 신흥 국가들도 큰 힘을 못 내고 있다. 브릭스BRICS의 일원이며 가스와 석유 등 에너지가 풍부하고 인구수와 국토 면적이 뒷받침되는 러시아 같은 나라도, 에너지 수출 이외의 성장 동력을 찾는 데 시간을 보내고 있다. 이런 흐름 속에서 중국경제가 혼수상태에 빠진 세계경제를 주도하고 있다. 그리고 그동안 중국을 생산 기지로 여겨왔던 글로벌 기업들이 이제는 중국 내수시장을 노리고 중국 사람들의 소비에 기대고 있다.

그렇지만 중국이라는 나라와 소비라는 단어는 과거에는 참으로 어울리지 않는 관계였다. 1949년 사회주의 신중국의 탄생 이후 대륙의

중국인들이 시장경제가 아닌 계획경제의 구조 아래 살아왔기 때문이
다. 중국 같은 사회주의 국가에서 바라본 시장경제 사회는 계급이 생
산관계 때문에 만들어지는 곳이다. 그곳에서는 잉여 생산품이 생기고
잉여 생산품을 차지하는 개인들이 나타난다. 중국인들은 자본주의 시
장경제 사회에 존재하는 계급 격차는 구조적으로 이질적인 집단일 수
밖에 없고, 다른 집단의 노동을 점유함으로써 자신의 이익을 누린다
고 보았다. 하지만 1978년 개혁 개방 이후 중국 사람들에게 이제 소
비라는 단어는 더 이상 낯설지 않은 말이 되었다.

그렇다면 대체 인간에게 소비란 무엇인가? 산업혁명 당시의 소비
는 사람이 살아가는 데 필수적인 생존도구와 물건의 본원적 기능인
사용가치를 의미했다. 두 번째 산업혁명 이후부터 소비는 사람들의
구매능력을 가늠하는 잣대가 되기도 하고, 물건들은 교환가치를 지니
게 되었다. 나아가 사람들이 전자제품에 둘러싸여 생활하는 시대가
되고, 소비는 사람들에게 교환가치를 넘어서는 기호적이고 상징적인
의미이자 자신의 개성을 표현하는 대상이 되었다. 특히 자본주의 사
회에서는 자기과시적이고 낭비적인 소비를 함으로써 남들에게 우월감
을 드러내려 하거나, 자기 자신의 우울함을 해소하는 수단으로 삼기
도 한다.

한편 대량 생산으로 제품의 본원적 가치를 발휘할 차별점이 거의
없는 상품Commodity들이 넘쳐 나는 현대 마케팅에서는, 소비의 대상
을 브랜드로 상징화하고 브랜드를 강조하게 마련이다. 저명한 마케팅

학자와 마케터들은 브랜드 이름과 본질Essence, 브랜드 디자인과 상징Symbol, 브랜드 스토리 등 브랜드와 그 주변의 총합체를 브랜드 바퀴Brand Wheel라는 동심원 속에 집어넣어서 숭배의 객체로 만들었다.

이를 극명하게 보여주는 것이 바로 자본주의 사회에서의 광고다. 광고는 소비자들에게 자신의 제품을 쓰고 광고모델처럼 달라지라고 속삭이고, 윽박지르기도 하며, 자존심을 자극하기도 한다. 또 소비 계층에 따라 사회적·문화적으로 향유하는 취미까지 달라진다고 설득하며 사람들에게 소비를 통해 자신의 계급을 과시하라고 부추긴다.

그렇다면 과연 중국시장에서는 어떠한 일이 일어나고 있을까? 이제 지구상의 웬만한 글로벌 기업들은 온갖 종류의 기능적 상품, 상징적 상품, 지위적 상품과 서비스를 들고 들어와 중국 내수시장과 소비자를 공략하고 있다.

이제 시각을 중국의 관점으로 바꾸어 생각해보자. 중국 입장에서도 내수시장은 굉장히 중요하다. 그동안 중국경제의 쾌속성장을 주도해온 가장 큰 원동력은, 다른 나라가 들어와 투자하는 해외 직접투자FDI였다. 이제 그 힘이 점점 줄어들고 있는 마당에 중국 지도부는 고속성장을 지속시킬 마땅한 방법을 찾지 못하고 있다. 수출 증대와 수입 조절을 통한 무역 흑자도 GDP 증가의 핵심적인 축이지만, 유럽과 일본경제가 저조할뿐더러 미국이 중국과의 무역수지 개선과 미국 내 제조업 등 생산 경제를 회복하겠다고 나서면 중국 수출의 성장도 장담하기 어렵다. 이때 GDP 상승을 위해서는 내수소비를 늘릴 필요가 있다. 그래서 중국 지도부는 내수소비 진작을 정책의 중요한 가닥으로 잡고 있는 것이다.

중국 당국이 그동안 내수 진작과 지역 균형 발전을 위해 단편적이고 간헐적으로 시행했던 정책들은 다음과 같다. '가전 하향家电下乡 쟈뎬 샤샹'은 농촌에서 가전제품을 구매할 때 보조금을 주는 정책이다. '이구 환신以旧換新 이지우 환신'은 구형 가전제품을 신형 가전제품으로 교체할 때 보조금을 주는 정책이다. 이 밖에도 에너지 절약형 자동차와 가전제품을 구입할 때 보조금을 주는 '에너지 절약 상품 혜민节能产品惠民工程 제녕찬핀 후이민 꿍청' 정책, 농촌에 전화와 인터넷을 보급하는 '정보 하향信息下乡 신시 샤샹' 정책도 시행했다.

중국, 소비자를 독려하다

과연 중국의 내수 소비시장이 얼마나 빠르게 확대될지, 얼마나 튼실하게 성장할지를 알아보려면 소비자들의 '소비 경향'을 살펴보는 것이 가장 좋은 방법이다. 일반적으로 가처분소득이 적을수록 '소비 경향'은 높다고 알려져 있다. 이 말이 무슨 뜻인가 하면, 가처분소득이 너무 적으면 자연적으로 100%에 가까운 소비를 할 수밖에 없다는 것, 그러니까 생긴 돈을 다 써버릴 수밖에 없다는 뜻이다. 실제로 중국의 하위 70~80%의 소비 경향은 100%에 가깝다. 그런데 나라의 전체 인구를 놓고 보면 얘기가 달라진다. 유럽과 미국에 비해 중국 인구 전체의 소비 경향은 오히려 낮다. 원인이 무엇일까? 첫째, 상위 소득 계층과 하위 소득 계층의 빈부격차가 너무 커서 상위 소득 계층에게 지나치게 많은 부가 편중되어 있다. 둘째, 상위 소득 계층의 소비 경향이 낮다. 전통적으로 중국의 부자들은 저축 성향이 높다는 분석이 있다. 셋째, 소비를 뒷받침할 중산층이 빈약하다. 결국은 빈부격차가 해소되어야 진정한 소비진작이 이루어진다는 뜻이고, 중상위 소득 계층의 소비를 독려해야 하며, 궁극적으로는 중서부 지역 도시화와 임금 상승 등을 통한 중산층 늘리기에 나서야 한다는 뜻이다.

중국경제의 딜레마, 부자

먼저 상위 소득 계층, 그러니까 부유층에 대해 알아보자. 중국의 부유층에 대한 조사 결과는 후룬연구소라는 곳에서 정기적으로 발표하고 있다. 후룬胡润은 1970년에 태어난 룩셈부르크 출신 외국인인데, 이름을 중국식으로 바꾸고 중국에서 유명한 '후룬 100대 부자 보고서'와 '중국 200대 브랜드 순위'를 발표하고 있다.

광고회사 제이 월터 톰슨은 1,000만 달러 이상의 자산을 보유해야 중국 부자라고 정의했다. 한편 BMW는 연간 소득 8만 달러 이상의 가구를 타깃으로 삼고 있다. 컨설팅 회사 매킨지는 중국 부자의 80%가 1960년대 중반 이후에 출생한 비교적 젊은 계층이라고 분석했고, 앞으로도 중국 부자의 연령은 갈수록 낮아질 것이라고 예상했다.

중국에서 빈부격차 문제는 상당히 심각하다. 빈부격차를 판별하는 대표적인 척도로는 지니계수가 일반적으로 사용되고 있는데, 세계은행의 원론적인 기준에 따르면 어떤 나라가 지니계수 0.4를 넘으면 빈부격차 문제가 있는 것으로 본다. 중국 당국은 부정기적으로 이 지니계수를 발표하고 있다. 중국 당국의 발표를 액면 그대로 보자면, 2006년에 0.49를 넘어 정점을 찍은 뒤에 지속적으로 낮아져서 0.47대까지 내려오고 있다. 하지만 세계은행의 기준으로 보더라도 중국의 지니계수는 빈부격차가 상당히 크다고 보이며, 겉으로 보이는 지수뿐 아니라 중국인들이 체감적으로 느끼는 격차 역시 크다.

과거에 덩샤오핑이 개혁 개방을 하면서 내세운 말이 선부론先富论센푸룬이다. 선부론은 말 그대로 중국경제를 일으키려면 '일부분의 사람을 먼저 부자로 만들어야 한다让一部分人先富起来랑 이부펀런 센푸치라이'는 뜻인데, 이제 그것이 발목을 잡아 사회 안정을 저해하는 요인 중 하나가 되고 있다. 중국에서 장부藏富짱푸라는 말은 두 가지 뜻으로 쓰인다. 하나는 전통적인 중용의 관점으로 부를 뽐내고 자랑炫富쉔푸하지 않으며 그것을 숨긴다는 뜻이다. 다른 하나는 개혁 개방을 하면서 중국인들에게 창고 가득 부를 쌓도록 해주겠다고 약속한다는 뜻을 담고 있다. 그런데 요즘 중국인들은 과연 자신들의 창고에 부가 쌓일지 잔뜩 의구심을 품고 있다. 부를 갈망하고 숭상崇富충푸하면서도 그것이 실현될지는 믿지 못하는, 그러면서 부자들에 대한 미움仇富초우푸이 팽배한 사회가 된 것이다. '부를 뽐내고 자랑하다'라는 의미의 쉔푸는 원래 중국에 있던 말이 아니라, 2007년 8월에 중국 교육부가 발표한 171개 신조어 중 하나다. 인터넷을 보면 '쉔푸'하는 100가지 방법, 부잣집 자제들의 쉔푸 사례 등이 올라와 있다. 역시 세태를 반영하는 모습이다.

중국을 부자로 변모시키는 데 따른 또 다른 부작용으로 전 사회의 급격한 노령화를 들 수 있다. 개혁 개방 당시 너무나 많은 인구로 인한 부담을 줄이고 빨리 경제개발의 길에 매진하기 위해 선택했던 정책이, 바로 1가정 1자녀의 산아제한을 통한 계획 생육 정책이었다. 이제는 아직 나라가 부자가 되지 못했는데 먼저 고령화 사회가 되어버린 미부선로未富先老웨이푸 셴라오의 상황이라고들 얘기한다. 중국 사회는 1명의 독생 자녀가 부모 2명과 친가, 외가의 조부모 4명 등 모두 6명을 모셔야 하는 상황으로 가고 있다. 게다가 노인 부양에 대한 공적인 사회 안전망은 취약하고 개인이 책임을 져야 하는 것이 현실이다. 중국에서는 실정법상 부양 의무자가 노인을 정기적으로 찾아가지 않고 방치하면 실형을 받을 수도 있다.

도대체 중국의 부자는 누구인가? 사회주의 국가가 시장경제로 전환되는 시점에 어떤 부류의 사람들이 부자가 되는지에 대해서는 구소련이나 일부 동유럽 국가에서 유사한 상황을 찾아볼 수 있다. 사회주의 시절 권력을 쥐었던 계층이 전환기에 특정 사업을 불하받거나, 특정 사업에 대한 독과점 권리를 누리는 경우다.

중국에서도 권력을 누렸던 사람들이 전환기에 부자가 될 가능성이 높았다. 그리고 권력의 힘에 기생하면서 빠르게 부를 늘려온 사업가 부류가 있다. 이들은 대개 그룹集団지퇀이라는 용어를 써서 산하의 계열 사업군을 묶는데, 어느 업종에서 시작했든 부동산 개발 회사를 빠짐없이 추가하는 모습은 전형적으로 등장한다. 또 다른 케이스는 여타 서방국가와 마찬가지로 인터넷 등 정보화 사회가 활성화되면서 디지털 신경제의 기회를 손에 넣는 일부 계층이다.

부자에 이어서 그들의 자손에게 부가 대물림되는 현상을 중국에서는 부2대富二代푸얼따이라고 부르며, 권력을 누렸던 사람들의 자손들이 쉽게 높은 관직에 진출하는 현상을 관2대官二代꽌얼따이라고 한다.

이제 중국 지도부는 이러한 상황을 심각하게 바라보고 있다. 당국은 고성장 경제를 중성장 경제로 연착륙시키는 경제 안정화의 발전전환 모델정책을 실현시키는 한편, 사회 안정을 해치는 여러 가지 모순들을 해결하고자 고심하고 있다. 과연 도시화와 부수적인 효과인 중산층 늘리기가 그 해답이 될지 주목받고 있다.

소비 진작의 핵심은 중산층

중산층을 어떻게 정의할 것인지에 대한 시각은 매우 다양하다. 주로 일인당 수입과 가처분소득, 가구당 수입과 가처분소득, 일인당 자산, 가구당 자산 등을 놓고 본다. 중국의 정부기관으로는 국무원 사회과학원이나, 흔히 '발개위发改委파가이웨이'라고 줄여 부르는 국가발전과개혁위원회国家发展和改革委员会 궈쟈 파잔 허 가이거 웨이위엔후이 산하의 사회발전

연구소 같은 곳이 중산층의 기준을 제시하고 있다. 국제기관 중에서 아시아개발은행, 사회조사 기관으로는 영점조사零点调查 링뎬 다오차 같은 조사회사, 외국기관 중에는 매킨지 같은 컨설팅 회사나 제이 월터 톰슨 같은 광고회사도 중산층 기준을 발표하고 있다. 이들이 중국의 중산층을 바라보는 시각이나 목적, 그리고 기준들이 저마다 다르기 때문에 어떤 선이 중국 중산층의 기준이며, 어느 정도의 인구가 중산층에 포함되는지는 매우 편차가 큰 상황이다. 광고회사 제이 월터 톰슨은 자산을 50만 달러 이상 보유하면 중국의 중산층이라고 보았다. 보스턴컨설팅이 본 중국의 중산층은 연간 가처분소득이 2만 달러를 넘는 가구가 해당한다. 참고로 선진국의 경우 대개 3만 8,000달러 선이 소비의 전환점이 된다고 한다.

따라서 중산층 인구의 규모를 바라보는 시각도 다양하다. 사회과학원은 전체 인구의 4분의 1 정도가 이미 중산층에 도달했다고 본 반면, 보스턴컨설팅은 2020년이 되면 20%의 인구가 중산층이 된다고 내다봤다. 참고로 영점조사에 따르면 중국에서 기본적으로 중산층에 포함되는 사람들 중에서 중간 이상 고급 관리직, 그러니까 공무원, 외국계 기업 임직원, 국유 기업 임직원, 그리고 과거에는 별 볼 일 없었지만 시장경제 사회에서 점점 더 전문직화되어가는 변호사와 의사 등의 직종, 과거에는 아예 존재하지 않던 직종인 애널리스트评估土 핑구스 같은 전문직专业人 좐예 런위엔 등의 인구가 전체의 5~6% 정도 된다고 한다. 중국에서는 개인 사업가와 구분 지어 이런 사람들을 자본가와 상대적인 의미로 지본가知本家즈번쟈라고 부르며 중산층의 중요한 축으로 보고 있다. 그리고 서방의 화이트칼라 개념은 그대로 번역하여 '바이링白领'으로, 골드칼라는 그대로 번역하여 '진링金领'이라고 부른다. 중산층의 소비 특징에 대한 조사를 보면, 너무도 당연한 결과이기는 하지만 중국의 중산층은 신용카드信用卡신용카 사용률이 상대적으로 더 높고, 헬스클럽健身房젠션팡, 커피숍咖啡厅카페이팅, 사우나桑拿房상나팡, 주점酒吧지우바에 더 많이 간다고 하니 참고하자.

도시화 정책과 중산층

중국 당국이 중산층을 늘리기 위해 추진하는 중점 과제 중 하나가 바로 도시화다. 도시화는 여러 가지 목표를 동시에 달성할 수 있는 다목적 핵심 정책으로 추진되고 있다. 1949년 사회주의 신중국 체제가 성립된 실질적이고도 이론적인 기반이 농민이었고, 그동안 농업·농촌·농민을 뜻하는 3농 중시 정책을 펴왔던 중국 당국은 이제 도시화를 기치로 내걸고 있다.

도시화, 특히 중서부 지역 도시화를 진행하면 농민공 문제를 일부 해결할 수 있다. 농민공이 동남부 연해 지역, 화북과 발해만 공업지역의 도시 빈민으로 남아 있는 한, 빈부격차, 동서 간 지역 불균형, 동남부 연해 지역 및 화북 지역 내의 호적 문제, 사회불안, 그리고 농민공의 자녀로서 농촌에 살고 있는 소년소녀 가장 문제, 즉 *리우쇼*

우留守 아동 문제 등의 복잡다단한 여러 가지 숙제가 풀리지 않는다. 중국의 호적户口 후커우 정책은 상당히 엄격해서 외지인이 새로 이주한 도시에서 호적을 얻기가 무척 어렵다. 교육, 부동산 등 여러 측면에서 해당 지역 호적 유무에 따른 혜택이 많기 때문에, 농민공에게 호적 없는 도시생활은 또 다른 차별을 감수해야만 하는 어려움이다. *리우쇼우* 아동 문제도 심각하다. *리우쇼우* 아동 중에서, 외지로 나간 농민공 부모와 1년에 적어도 한 번 이상 만나는 아동이 전체의 절반이 안 된다는 보고가 있다.

중국 당국은 도시화, 특히 중서부 지역 도시화로 낙후된 중서부 지역의 균형 발전을 꾀할 수 있다고 보고, 이를 위해 '중서부 지역을 앞으로 산업화를 이어갈 전문 단지로 개조하기 위한 계획'을 2010년에 발표했다. 방직, 의류, 완구, 가전 등 노동 집약형 산업을 동남부 연해 지역에서 중서부로 이전하는 것을 장려하려는 의도다. 또한 도시화를 진행하면 자연스럽게 가처분소득이 증가해 소비 여력이 높아지게 되는데, 중국 농촌의 경우에는 엥겔계수가 높고 사회보장이 약해서 소비 경향이 절대 높아질 수 없기 때문이다. 한편 국무원은 2020년 도시 인구 비율을 전체 인구의 60% 정도로, 2030년 도시 인구 비율은 전체 인구의 70%로 보고 있다.

엥겔계수는 소비 금액 중에서 식료품의 비중을 나타내는 것으로, 중국 당국이 '삶의 질'을 높이겠다며 내세우는 사회 발전 단계 슬로건의 기초가 된다. 이 발전 단계를 보면, 첫 번째는 가장 궁핍한 생존生存생존의 단계이고, 두 번째는 먹는 것과 생활필수품이 해결되는 원바오温饱의 단계이고, 세 번째는 삶의 질이 높아지는 샤오캉小康 단계인데, 이 단계가 되어야 비로소 소비 관념이 생기고 상품의 품질에 관심을 갖게 된다고 한다. 마지막으로 네 번째는 대부분의 중국인들이 경제적으로 여유로워지는 부유富裕푸위의 단계이다. 엥겔계수는 이러한 '삶의 질'을 측정하는 주요 요소로 중국에서 사용되고 있는데, 당국의 발표에 따르면 최근 중국 도시 가정의 평균 엥겔계수는 30%대라고 하니까, 중국 당국의 기준으로 보면 샤오캉小康 단계라고 얘기할 수 있을 것이다. 중국은 도시와 농촌을 통틀어 2020년 샤오캉 단계 완성을 목표로 하고 있다.

중국 당국은 발전론에 입각해 국가경제를 기획하고 실천해가기 위해 1953년의 제1차 5개년 계획을 시작으로, '중화인민공화국 국민경제와 사회 발전 5개년 계획'을 이어가고 있다. 2011년 시작의 제12차 5개년 계획을 '십이오 계획', 그리고 2016년 시작의 제13차 5개년 계획을 '십삼오 계획'이라고 부르는데, 중국 당국은 이 기간을 활용하여 정부 규제를 줄이고, 민간 자본의 참여를 높이고, 서비스업을 강화하고, 도시화 비율을 높이고, 국내 소비를 진작하는 것을 핵심 과제로 삼아 추진하고 있다.

위에서 정리한 소비 경향, 빈부격차, 사회 발전 단계, 중산층, 도시화 등의 개념들 외에 중국 당국이 내수시장과 관련하여 관리하는 기타 지표들을 소개하면 다음과 같은 것들이 있다.

'소비품 소매 총액消費品零售总额 샤오페이핀 링쇼우 쭝어'은 중국 당국이 해마다 발표하는 소비 관련 지표 중 하나다. 도시 소비와 농촌 소비, 그리고 상품 판매와 식음 서비스로 구분해 관리한다. 'CPI'는 소비자물가지수Consumer Price Index, 肖费者价格指数 샤오페이저 쨔거 즈슈인데 중국 당국이 주요 소비재의 물가 측정 지표로 정기적으로 발표하는 지수다. 100을 기준으로 상승과 하락을 읽어낸다. 식품과 비식품으로 나누어서 가격 지표를 조사해 국내 수요 증가, 국제 원자재 가격 동향, 유동성 증가, 필수 식품 가격 상승 등을 살펴본다. 그중에서도 돼지고기 가격의 변동을 상당히 중시하는데, 중국인의 식생활에서 돼지고기가 차지하는 의미가 매우 크기 때문이다

'PMI'는 구매 관리자 지수Purchasing Managers' Index, 采购经理指数 차이꺼우 쟝리 즈슈로 중국 당국이 정기적으로 발표하는 주요 관리 지수 중 하나이다. 경기의 선행 지수로 활용되며, 제조업과 비제조업 지수로 구분해 발표하는데 비제조업에는 건설업, 서비스업, 정보 통신업 등이 포함된다. 지표가 50 이상이면 성장을 예견하는 것이다. 이 밖에 '기업가 경기 믿음 지수企业家信心指数 치예쟈 신신 즈슈'는 100을 기준으로 기업가들이 향후 경기를 전망하는 지수다.

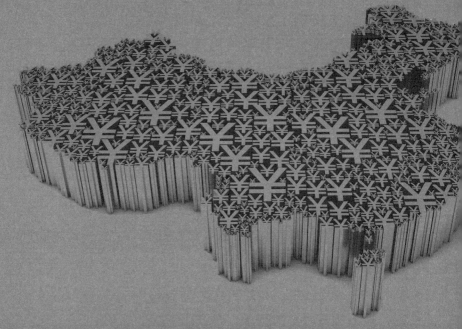

PART 2
세계 최대의
소비 격전지, 중국

오늘날 중국이 세계경제에서 차지하는 비중은 과거와는 비교할 수 없을 만큼 높아졌다.
유럽과 일본이 저성장 국면인 데다가, 새로운 성장을 주도할 것이라 믿었던 신흥 국가들도 큰
힘을 못 내고 있다. 브릭스의 일원이며 가스와 석유 등 에너지가 풍부하고 인구수와 국토 면적이
뒷받침되는 러시아 같은 나라도 에너지 수출 이외의 성장 동력을 찾는 데 시간을 보내고 있다.
이런 흐름 속에서 중국경제가 혼수상태에 빠진 세계경제를 주도하고 있다.
그동안 중국을 생산 기지로 여겨왔던 글로벌 기업들이
이제는 중국 내수시장을 노리고 중국 사람들의 소비에 기대고 있다.

중국시장을 둘러싼
변수들

앞에서 중국인의 여러 모습을 통해 중국시장을 들여다보았다. 오늘날 중국시장에서는 이렇게 중국 소비자의 특색을 포함한 다양한 변수들이 많은 이슈를 만들어내고 있다. 이러한 시장의 변수를 잘 알아두어야 기회는 살리고 위기는 피해갈 수 있을 것이다.

원산지 효과와 소비 애국주의

'원산지 효과Country-of-Origin Effect 이론'이란 소비자가 상품이나 서비스에 대해 갖는 선호도가 그 상품이나 서비스의 원산지에 영향을 받는다는 1960년대 이래의 이론이다. 여기서 원산지의 개념이 무엇인지에 대해서는 논란이 있다. 글로벌 경제체제가 되면서 제품의 생산지, 부품 생산지, 제품 조립지, 제품 설계지, 본사 소재지, 브랜드 등록지, 디자인 본부 소재지, 마케팅 본부 소재지 등이 분산되어 있는 다국적 글로벌 기업이 많아졌기 때문이다. 물론 법인 등록을 하고 세금을 납부하는 곳이 법적인 본사겠지만, 최근 소비자 관점에서는 디자인 본부나 마케팅 본부 소재지가 원산지라고 보는 견해가 설득력을 얻고 있다.

지금까지의 연구결과를 보면 선진국보다는 개발도상국의 국민이 원산지 효과의 영향을 상대적으로 더 받는다고 한다. 그리고 중국의 연구를 보면 소비자의 나이가 어릴수록, 교육 수준이 높고 정보 획득이 많은 계층일수록, 가처분소득이 높을수록 원산지 효과의 영향을 많이 받는다고 한다.

과거 청나라 말이나 중화민국 시기에도 중국인들이 외국 상품들을 선호했던 정황을 읽을 수 있다. 특히 의약품 같은 품목은 한방만 알던 중국인들에게 신문물로 대접받았던 것 같다. 당시 독일의 바이엘 등은 직접 중국에 사무소를 설립해서 중국인들의 신사조에 호응했고, 이런 풍조의 틈을 타서 일부 중국인들은 상표를 위조하거나 외국어 상표를 지어내 외제처럼 상행위를 했다는 기록도 있다. 오늘날 중국 소비자들이 겪는 수많은 국산품의 불미스러운 품질 관련 사건 사고 역시 국산품에 대한 불신과 더불어 외제에 대한 선호를 부채질하고 있다. 미국, 유럽, 일본의 각종 공산품과 기타 제품, 서비스뿐 아니라 대만의 식품도 인기가 있고, 한국의 경우는 공산품, 화장품과 성형 등

미용산업과 의류패션 등의 분야에서 원산지의 명성을 쌓아가고 있다.

그러나 이러한 분석을 무색하게 하는 강력한 소비 애국주의의 바람이 불고 있다는 점을 반드시 염두에 두어야 한다. 이것을 마케팅의 전면에 내세우는 브랜드들이 점점 많아지고 있다. 예를 들어보자. 스포츠 용품 및 의류 브랜드인 챠오단乔丹, 생수 눙푸샨췐农夫山泉은 민족 브랜드民族品牌 민주 파이라는 슬로건을 사용하고 있다. 몇몇 남성 의류와 리닝李宁 같은 스포츠 용품 브랜드들은 국산国产 궈찬임을 강조한다. 주방 설비 분야의 강자인 팡타이方太, Fotile는 "이렇게 훌륭한 제품이 중국제품입니다. 우리는 서양 브랜드洋品牌 양 파이가 아닙니다."라고 자신 있게 마케팅하고 있다. 전자제품 회사 중에는 애국자爱国者 아이궈저를 브랜드로 사용하는 기업도 있다.

그렇다면 왜 이러한 현상이 늘어나는 것일까? 첫째, 외국계 기업이 자초한 측면이 있다. 외국계 모 명품 브랜드의 중국인 전직 임원이, CCTV와의 인터뷰에서 그동안 중국에서 폭리를 취해왔다고 밝힌 적이 있다. 그리고 비슷한 사례가 많다는 같은 논조의 보도가 이어졌다. 일부 외국계 기업이 지속 가능 경영보다는 단기간의 이윤 추구에 더 집중한 것이다. 여기에 전현직 임직원 관리 실패, PR 측면의 위기 관리 대응 미숙 등이 불거지면서 중국 소비자 여론이 등을 돌렸다고 봐야 한다.

둘째, 가격 대비 품질 만족도가 높은 국산 제품들이 실제 많아졌다. 컴퓨터, 전자레인지, 휴대전화, 의류 등의 품질에 대한 소비자 인식이

나날이 달라지고 있다. 한편 어떤 본토 기업은 자신이 생산해서 주문자상표 부착 방식OEM으로 해외 브랜드에 납품한다는 사실을 알게 모르게 퍼뜨리기도 한다. 이럴 경우 브랜드만 다르지 실제 품질은 똑같다는 소문이 국내 시장에 나돌게 되는 것이다.

셋째, 당국과 언론이 분위기를 유도하는 측면이 있다. 외국 브랜드와 관련된 적발과 발표가 적지 않다. 예를 들어 외국 분유 브랜드들이 가격을 담합해서 폭리를 취했다든지, 외국 제약회사들이 뒷거래를 했다든지, 외국 유명 전자제품이나 자동차에 품질 결함이 있다든지 하는 내용들이고, 언론은 이를 받아서 보도한다. 외산·국산 브랜드들이 함께 적발되어도, '외산 모 브랜드 외 몇 개의 회사'라고 보도되는 경우도 있다. 이러한 보도가 나오면 웨이보에 외산 브랜드를 성토하는 글이 일파만파로 퍼져나간다.

뜨거운 감자, 소비자 보호

유명한 샴푸에서 디에틸렌 디옥산=惡烷얼어완이라는 성분이 검출된 사건이 있었다. 이 물질을 샴푸의 유화제로 썼다고 하는데, 인체의 간, 신장을 손상시키고 급성 중독으로 사망에 이르게도 한다는 것이다. 가짜 자사紫砂쯔샤 사건도 있었다. 자사는 쟝쑤성 의흥宜興이싱에서 나는 흙인데, 이것으로 만든 찻주전자紫砂壺쯔샤후는 아주 비싸기로 유명하다. 그런데 대형 전자회사가 만들어 건강에 좋다고 팔아온 자사

솥 紫砂煲 쯔샤바오이 자사 성분이 없는 가짜로 밝혀져 중국시장에서의 소비자 보호 문제가 한 번 더 불거졌다.

해마다 3월 15일이 되면 중국 내 거의 모든 기업들, 특히 외국계 기업들은 조마조마한 심정으로 중국 중앙텔레비전의 '소비자의 날 특별방송315晚会 싼야오우 완후이'을 지켜본다. 이 프로그램의 대상이 되는 기업은 그야말로 난타를 당하게 된다. 매출액만 급전직하하는 것이 아니라 중국 내 사업 자체가 흔들릴 만큼 타격을 입게 되는 것이다. 예를 들어 2010년 소비자의 날에는 미국의 휴렛패커드가 그 주인공이 되었고, 2011년에는 한국 기업도 방송되어 한바탕 난리가 난 적이 있다.

CCTV는 이 방송을 위해 장기간에 걸쳐 준비를 하는데, 취재 경로도 매우 다양하다. 3월 15일 당일 저녁에 채널 1 综合쭝허과 채널 2 财经 차이징로 생방송하는 것 외에, 두 채널은 방송 후 일정 기간 동안 기존 편성과 특별 편성을 동원해 추적 보도를 한다. 그렇기 때문에 당하는 기업의 입장에서는 퇴로가 거의 없는 셈이다. CCTV의 3월 15일 프로그램이 일으키는 여론 후폭풍은 엄청나게 크고, 당국도 배후에서 든든하게 지원한다.

중국 당국은 소비자 보호라는 화두를 통해 대국민 공공서비스 제공과 기업 통제라는 두 마리 토끼를 잡은 격이다. 여기에 그린 소비, 지속 가능 소비 등의 개념도 더해가고 있다. 당국 입장에서 소비자 보호를 위한 최일선에는 국가품질감독검사검역총국国家质量监督检验检疫总局궈쟈 즈량 젠두 젠옌 젠이 쭝쥐이 있다. 중국인들이 줄임말로 질검 총국质检总局

즈젠쯩쮜이라고 부르는 이 기관은 정시와 수시로 품질 조사를 한다. 그리고 조사결과에 따라 합격과 불합격, 소비자 리콜짜回짜오후이 등을 기업에 통보한다. 조사결과는 역시 *웨이보*에 바로 올라오기 때문에 해당 기업, 특히 외국계 기업은 여론의 십자포화를 맞게 된다.

국가발전과개혁위원회는 거시 경제, 물가정책 부서다. 이 부서는 독점, 담합 등 공정거래 관련 규제를 맡고 있다. 외국계 기업들이 담합으로 제소된 경우, 통상적으로 매출 총액의 1~6%, 최고 10%까지의 과징금을 물 수도 있다. 의약품의 약가 관리 규제도 하고 있다.

국가식품약품감독관리총국国家食品药品监督管理总局궈쟈 스핀 야오핀 젠두관리쯩쮜은 식품, 의약품과 화장품 등의 감독 관리 기관이다. 국가관리 기본 약물, 건강식품 규정, 화장품 품질 표준도 제정한다. 그리고 공상관리국과 함께 약품 광고를 규제한다. 이를테면 '효과 최고疗效最佳 랴오샤오 쭈이쟈', '약이 병을 제거药到病除 야오따오삥추', '근치根治 껀즈', '안전하게 예방安全预防안췐 위팡', '부작용 전혀 없음完全无副作用 완췐 우푸쭤융' 같은 표현을 금지한다든지, 추천推荐투이젠, 수상获奖휘쟝, 무료 치료免费治疗멘페이 즈랴오, 무료 증정免费赠送 멘페이 쩡쑹 등을 활용한 프로모션을 금지하는 것이다.

중국 여성 사이에 콜라겐 단백질胶原蛋白쟈오위엔 딴바이이 미용에 좋다며 선풍적인 인기를 끌자 중국산 가짜 상품이 등장했고, 일본 회사는 과장 광고로 언론에서 문제를 삼은 적이 있다. 그런데 이렇게 새로운 카테고리의 상품이 중국시장에 나왔을 때, 당국의 규정이 미비한 경우가 종종 있다. 콜라겐 관련 규정도 뒤에 생겼다. 존슨 앤드 존슨이 중국시장에 아동용 화장품 카테고리에 진입해 마케팅을 시작하자, 그제야 당국이 이를 규제하는 방안을 마련하기도 했고, 개학 하루 전에 교복 품질 불합격 회사를 발표하여 학생과 학부모들을 혼란에 빠뜨리기도 했다.

상무부, 공업정보부, 공안부, 인민은행, 세관총서, 지적재산권국, 신문출판방송총국은 공동으로 전자상거래를 규제하고 있다. 이 밖에도 대형 유통점의 과다 포장, 비닐 포장, 음식 쓰레기도 규제 대상이다. 광고주의 허위 광고로 소비자가 손실을 입었다고 판단되면 당국은 공공 이익 침해, 시장 질서 교란으로 규정하여 업무 정지 등을 명령하기도 한다.

한편 빅데이터 시대를 맞아 중국도 소비자 정보 유출과 정보 보안 문제로 고심하고 있다. 고객 데이터를 고의로 누설泄漏 셰로우하는 사례, 해커와 스파이웨어에 의한 피해가 존재하고, 신용카드 정보도 순간적으로 복제한다. 고객 데이터를 불법 수집하여 활용한 영국 출신 조사 회사 대표가 구속되기도 했다. 이동통신은 더욱 보안에 취약하다. 역시 가장 문제가 되는 것은 고객정보의 고의 유출인데, 이렇게 유출된 데이터는 스팸성 마케팅에 활용되거나 직접적인 메시지 사기 등에 쓰이기도 한다.

공업정보화부(공신부)가 전화 고객 실명 정보 등기 규정电话用户真实身

份信息登记规定, 전신 및 인터넷 고객 개인 정보 보호 규정电信和互联网用户
个人信息保护规定을 발표하고 전화, 인터넷 실명제를 명문화하고 있으나
실제 시장에서 완전히 적용되지는 못한 상황이다.

식품 안전

중국어로 *민이스웨이톈*民以食为天이라 하면, '백성에게 음식은 하늘'
이라는 뜻이다. 그만큼 민생과 식품은 직결되어 있다는 의미이고 당
국도 중시하는 부분이다. 질검총국은 식품의 생산 허가와 관리를 맡
고 있다. 그리고 식품광고 규제는 공상총국 담당인데, 최신 기술, 최
신 과학 같은 소비자 오도 용어를 금지하고, 특히 건강식품의 규제에
중점을 두고 있다.

그렇지만 중국에서 식품 안전 관련 사건은 끊이지 않고 있다. 대표
적인 것이 멜라민三聚氰胺 싼쥐칭안 분유 사건인데, 중국 사람들은 이를
'독 분유 사건'이라 부른다. 이 물질이 인체에 들어가면 신장 결석과
성 조숙증을 일으킨다고 해서 중국 엄마들이 경악을 했고, 지금까지
도 외제 분유 붐을 형성하는 계기가 되었다. 중국 소비자들은 뉴질랜
드, 미국, 오스트레일리아, 네덜란드, 프랑스, 아르헨티나 등지의 분
유를 국제 택배, 직접 구매 등을 통해 구입하고 있고, 국내의 대형 유
통점에도 외제 분유가 많이 들어와 있다.

돼지고기는 중국에서 물가 지표에 포함될 만큼 중국인이 사랑하는
육류다. 돼지에게 먹이면 살코기瘦肉 쇼우로우의 양이 늘어나고 사료가

절감된다는 락토파민 제재로 만든 쇼우로우징瘦肉精 사건도 있었다. 기타 육류 관련 사건으로는 항생제를 투여한 닭, 물 먹인 소 외에, 쥐 고기를 양고기로 둔갑시켜 중국식 샤브샤브火锅휘궈로 팔아온 일당이 발각되기도 했다.

*띠꺼우地沟*는 '하수도'라는 뜻인데, 버려진 식용유를 걸러서 유통시 키는 하수도 식용유地沟油 띠꺼우요우 사건은 잊을 만 하면 한 번씩 계속 발생하고 있다. 이 밖에 카드뮴 쌀, 독 동부콩豇豆장또우, 표백 버섯, 맹 독성 농약 생강, 공업용 황산구리 오리알, 가짜 버터, 인조 두부, 인조 달걀 사건도 유명하다. 이렇게 식품안전 문제가 빈번하게 발생하고 있기 때문에 중국 소비자들도 식품 선택에 민감해지고 있고, 외국계 기업이 식품시장에 진입할 여지도 그만큼 크다고 할 수 있다.

환경

환경문제도 외국계 기업이 관심을 기울여야 할 중요한 주제다. 먼 저 중국에서의 환경 관련 보도가 예전에 비해 늘어났고 상세해졌다. 그러면서 중국인들도 환경의 심각성을 깨닫게 되고, 이것이 실제 소 비에도 반영되고 있다. 기업은 실제로 친환경 제품을 소비자에게 공 급하는 것뿐 아니라, 환경을 고려한 생산과 유통, 환경문제를 고려하 고 있다는 사실을 홍보하는 기업 PR까지 모두 그린 마케팅에 포함된 다고 생각해야 할 것이다. 당국의 환경 관련 규제가 점차로 늘어나고 있다는 것도 경영계획에 반영해야 할 부분이다.

참고로 환경오염과 관련된 중국 지역을 언급하자면, *베이징과 스쟈 쭹石家庄 등 허베이* 지역은 대기오염이 심각한 수준이다. 사시사철 공기가 나쁘긴 한데 난방을 하는 겨울철에는 더욱 심해진다. 안개霧우와 흙먼지霾마이의 합성어인 *우마이霧霾*가 일상적 일기예보 용어가 되었다. 스모그는 *인마이陰霾*라고 한다. 겨울철 *베이징*은 우마이 때문에 시계 확보가 안 되고 비행기도 결항되기 쉽다. 코에서 걸러지지 않고 폐로 직접 들어간다는 2.5마이크로미터 이하의 미세 먼지를 PM 2.5라고 하는데, 이것의 관측치는 당국 발표만으로도 엄청나게 유해한 숫자지만, 미국 대사관이 자체 검측한 수치는 그 몇 배에 이른다. 당국은 PM 2.5, PM 10(10마이크로미터 이하 먼지), 이산화황, 이산화질소, 오존, 일산화탄소 등을 종합 계산한 공기품질지수 AQI(空气质量指数 쿵치 즈 량 즈슈/ Air Quality Index)도 발표하고 있다.

결국 임시방편으로 주변 공장 가동 중단, 관용 차량 운행 금지에 이은 민간 차량 운행 금지, 학교 휴교까지 하고 있다. 국무원은 3대 정유사인 *중스요우中石油, 중스화中石化, 중하이요우中海油*에 정유 시 오염 성분을 국제 기준으로 낮추라고 지시했으나 사실 대기오염의 주요 원인이 석유뿐만이 아니라 발전과 난방의 주력인 석탄 등 워낙 많기 때문에 어려움을 겪고 있다.

여행 인구가 가장 많은 나라

한국 입장에서 인바운드 여행시장, 그러니까 우리나라로 오는 중국 관광객은 당연히 우리에게는 내수시장이다. 그리고 중국에 진출한 기업의 관점에서도 중국인 여행 관련 소비의 흐름은 눈여겨봐야 할 시장 기회다.

중국은 어느새 세계에서 여행 인구가 가장 많은 나라, 해외여행 인구가 가장 많은 나라가 되었다. 여행객 증가율, 여행경비 증가율도 매우 높다. 경제 발전에 따라 전반적인 소득수준이 향상되고 해외 출국 자격이 완화된 것도 그러한 배경 중 하나다. 전통적으로 고향을 찾는 귀향 명절에도 여행을 떠나는 사람들이 많아졌다. 10월 국경절 연휴나 5월 노동절 연휴가 되면 공항과 역, 각 관광지는 사람들로 가득하다.

참고로 중국인들의 여행에 대한 생각을 소개하자면 다음과 같다. 일반적인 여행은 *뤼여우*旅游이고, 구경 위주의 *꽌꽝*观光이 있다. 휴가는 *두쟈*度假인데, 휴식을 위주로 한 것은 *시우셴*休闲이라고 하고, 중국식의 섭생 보양 양생의 개념으로 *양성 두쟈*养生度假도 있음을 알아두자.

땅이 넓기 때문에 생전에 자국이라도 구석구석 가봐야겠다고 생각하는 이들도 매우 많다. 국내 여행을 선택하는 자국인을 대상으로 한 지역광고도 무척이나 많다. 여행 시즌이 아니라 평소에도 중국 중앙 텔레비전을 보면 "○○ 지역이 당신을 환영한다."는 광고가 줄을 잇는다. 그중 대표적인 성공 사례는 *산둥성* 여행국旅游局 *뤼여우쥐* 광고다.

"손님을 좋아하는 *샨둥*이 당신을 환영합니다 好客山东欢迎您 하오커 샨둥 환잉 닌."라는 일관된 슬로건을 견지하고 있다.

부동산에 집착하는 중국인

우리나라 사람도 부동산을 좋아하는 편이지만 중국인들의 부동산에 대한 집착은 대단하며 중국인들의 생활에 많은 영향을 끼치고 있다. 원래 중국은 토지관리법상 도시의 토지는 국유이고, 농촌의 토지는 집체 소유다. 계획경제 시대에는 주택 분배 제도를 통해 *꿍위*公寓라는 이름의 집을 공급하기도 했다.

그러다 1980년대부터 일부 사유화 작업에 들어갔다. 부동산 개발상에게 토지사용권을 주고 토지사용권을 매매할 수 있게 했고, 주택은 자유 거래를 허용한 것이다. 상업용 건물도 산권증产权证 찬췐정을 주어 권리를 인정했다.

이렇게 거래가 가능한 주택을 상품방商品房 샹핀팡이라고 한다. 우리나라에서는 노래방이나 PC방처럼 새로운 업태의 점포에 방이라는 이름을 붙이지만, 중국에서 방이라고 하면 주택을 의미한다. 최초 등기 후 거래되는 부동산은 중고방二手房 얼쇼우팡이고, 서민용 염가 소형 주택은 보장방保障房 바오장팡이다.

문제는 힘 있는 공무원들이 개입된다는 점이다. 보장방에 입주할 자격이 안 되는 공무원들이 들어간다든지, 심지어 보장방의 표준 규격을 변형시켜 넓게 만들어 입주하는 일도 있었다. 나중에 발각되자, 넓게 추가한 부분만큼은 제대로 돈을 냈다고 터무니없는 변명을 하기도 했다. 이렇게 부동산과 관련해 공무원이 탐관오리 노릇을 한 경우를 어렵지 않게 목격할 수 있다.

그중 유명한 것이 *웨이보*의 네티즌들이 '방누나房姐팡졔 사건'으로 명명한 사례다. *샨시陝西*성 모 국영기관의 간부 출신인 이 여성은 분신分身펀션, 변검変脸삔롄이라는 별명으로 불렸다. 중국에서 하나만 가질 수 있는 호적이 *샨시陝西*, *샨시山西*, *베이징* 등 4개나 되고, *베이징*에만 41개의 부동산을 소유하고 있었다.

중국에서는 1개의 호적에 부동산, 교통, 의료, 교육, 금융, 취업, 계획 생육 등 20여 가지의 권리와 의무가 따른다. 그리고 대도시의 호적은 외지인이 신규로 얻기도 어려워서 신분 상징의 일종이 되기도 한다. 그런데 이 방누나는 공무원들의 도움으로 엄청난 부동산을 보유한 것이다. 공무원들의 '정즈옌 삐즈옌睁只眼闭只眼' 행태가 다시금 도마 위에 올랐다. 이 말은 '한쪽 눈은 뜨고 한쪽 눈은 감는다'라는 뜻으로 즉 '눈감아준다'는 의미다.

일명 방여동생房妹팡메이 사례의 여성은 허난성 공무원의 딸이다. 같은 이름과 사진으로 신분증 번호, 출생일, 출생지가 다른 2개의 호적을 만들었다. 그런데 이 여성 앞으로 된 11개의 부동산 권리증을 포함해 이 가족은 31개의 부동산 권리증을 갖고 있었다. 또 다른 방며느리房媳팡시 사례자는 남편과 시아버지가 *샨시山西*성 공무원이었다. 2개의 이름으로 *베이징*에 2개의 호적을 만들어 부동산 구입에 사용했다. 이 밖에도 공직을 이용해 부동산을 늘려간 사례는 부지기수다.

부동산 때문에 이혼도 불사하는 중국인들도 많다. *꾸이양*贵阳 민정국이 1가구 1농가주택 农房눙팡 등록 작업을 시작하자 주민 과반수가 이혼을 하고 독립 가구주가 되는 진풍경이 벌어졌다.

중국의 텔레비전 미팅 프로그램을 보면 여성 출연자가 남성 출연자에게 대놓고 집이 있느냐고 묻는다. 만약 그 남성 출연자가 집이 없다고 대답하면 20여 명의 여성 출연자들이 대부분 자신의 불을 꺼버린다. 불을 끈다는 것은, 다음 남성 출연자가 나올 때까지 대기하겠다는 뜻이다. 〈방노예房奴팡누〉라는 드라마가 높은 시청률을 기록했는데, 집을 구입한 뒤 근근이 이자를 내며 살아가는 사람들을 그린 내용이 중국인들의 깊은 공감을 산 것이다.

사회주의와 상인 기질

사회주의권 국가의 예전 국영 백화점을 가보면 두 번 놀라게 된다. 처음에는 그 외관의 웅장함에 놀라고, 두 번째는 내부의 초라함에 놀란다. 또 한 가지 흥미로운 것은 종업원들의 태도다. 분명히 기업으로 바뀐 데다가 점원들에게 판매실적을 강조하는데도 종업원들의 태도는 심드렁하다. 손님이 와도 못 본 척, 손님이 물어봐도 느릿느릿 행동한다. 잘못했다는 말은 웬만해서는 하지 않는다. 잘못했다는 말을 하면 치명적이라고 생각하는 것은 체제가 남긴 유산이다.

중국도 일부 그러한 모습들이 남아 있기는 하다. 그렇지만 장사와 이윤에 대한 중국인들의 기질은 단 수십 년의 사회주의 체제로는 감춰지지 않는 것 같다. 과거 유명한 온주溫州원저우 상인, 휘주徽州후이저우 상인, 복건福建푸젠 상인, 광동广东광둥 상인의 얘기가 헛소문은 아니라는 것이다.

전통적으로 한국에서는 너무 돈, 돈 하면 천박하다는 소리를 들어왔다. 생각해보면 우리가 "부자 되세요.", "대박 나세요."라고 인사하기 시작한 지가 그리 오래되지 않았음을 알 수 있다. 그렇지만 중국은 널리 알려진 꿍시 파차이恭喜发财를 비롯해 돈과 관련된 인사가 수두룩하다. 또한 중국의 상인들은 매우 부지런하다. 아침 7시, 8시면 대부분 나와서 장사 준비를 다 해놓을 정도다. 그러나 중국 상인들은 단골老客户라오커후/ 常客창커/ 回头客후이토우커이라고 잘해주지는 않는다. 매킨지의 조사에 따르면 중국 소비자의 브랜드 충성도가 구미의 소비자에 비해 확연히 낮은 것으로 나오는데, 이러한 중국 소비자의 특징과도 관련이 있을 것이다. 이는 외국계 기업이라면 참고할 부분이다. 중국 시장에서는 브랜드 충성 고객 확보, 재구매, 재재구매 고객의 확대 전략을 모색해야 할 것이다.

충성 고객 유지Retention책의 일환으로 중국에도 할인카드, 적립카드가 있다. 그리고 구소련 나라들 중에는 점포별로 카드를 발급받아 심지어 지갑에 수십 장씩 두둑하게 가지고 다니는 고객들도 있다. 이는 단순한 혜택의 의미가 아니라, 권위와 특권의 문화가 잠재되어 있는 것으로 보인다.

　권위와 특권을 상징하는 또 다른 사례는 교통신호와 법규다. 러시아에서 관용차와 마피아는 교통신호와 차선에 상관없이 운행을 하고, 중국에서는 군대 번호판과 무장경찰武警우징의 WJ 번호판이 그렇다고 하는데, 이 역시 알아두어야 할 중국의 모습이라 하겠다. 이러한 모습은 짜르와 황제에게 엎드려 복종했던 두 나라의 문화적 전통과도 연관이 있다.

업종별 중국시장에서
경쟁하는 브랜드들

특정 시장을 읽을 때는 소비자Customer, 자사Corporate, 경쟁사 Competition의 3대 축3Cs을 보아야 한다. 여기서는 경쟁사 분석의 관점을 중심으로, 몇몇 업종의 경쟁 브랜드들을 골라 중국시장을 관찰해보도록 하자.

화장품과 생활용품

중국 여자들은 대개 화장을 많이 하지 않는 편이었다. 게다가 일부 특정 직업을 가진 여성에게는 노메이크업이 권장되기도 했다. 예를 들어 교사들은 화장기 없는 얼굴로 교단에 서는 것이 일반적이었다. 그런데 지금은 많은 여성들이 화장품에 관심을 보이고 있다. 하지만 여전히 색조화장의 경우 젊은 여성일지라도 대세는 아니다. 한국에 여행을 다녀온 중국 여성이 이구동성으로 하는 얘기는 한국 여성의 화장이 상당히 진하다는 것이다. 중국 여성의 색조 화장품 구입 경험률은 다른 나라에 비해 많이 낮다. 그렇기 때문에 중국 화장품 시장의 발전 가능성은 아직 무궁무진하다고 볼 수 있다.

화장품과 생활용품 카테고리에서는 P&G宝洁바오제, 유니레버联合利华 렌허리화 등의 외국계 회사가 아직은 강세를 보이고 있다. 하지만 중국 당국은 이 분야를 토종 기업이 역전할 수 있는 경공업 분야로 판단하고, 지원을 아끼지 않고 있다. 이제 세부 하위 품목별로 시장 상황을 살펴보자.

일반 화장품 카테고리에서는 P&G의 올레이玉兰油 위란요우, 로레알巴黎欧莱雅 빠리 오우라이야, 메이블린美宝莲 메이바오렌, 시세이도의 Zotos Accent姫芮 지루이, Aupres欧珀莱 오우포라이, 그리고 토종 브랜드 쯔란탕自然堂Chando, Chcedo 등이 알려져 있다.

위에서 얘기했다시피 색조 화장품은 계속 성장 중이며, 에스티로더의 유명 브랜드인 바비브라운芭比波朗 바비뽀랑과 M.A.C.魅可 메이커도 중국 시장에 들어와 있다.

고가 화장품 카테고리에서는 랑콤兰蔻란코우, 에스티로더雅诗兰黛 야스란다이, 크리니크倩碧 첸삐, 디올迪奥 디아오 등이 중국 여성의 선택을 받고 있다.

중국에서는 방부제, 계면활성제, 합성색소, 향료가 없는 천연 활성 화장품을 약장药妆 야오좡이라고 분류하는데, 약장에는 두발용품도 포함된다. 약장 카테고리는 본토 기업이 글로벌 브랜드와 본격 경쟁에 나선 분야이기도 하다. 본토 기업이 이 카테고리에서 차별화 전략으로 내세우는 것은 한방 중약화다.

이 카테고리에서는 상하이 쟈화上海家化의 한방 화장품 바이차오지佰草集Herborist, 샹이번차오相宜本草 Inoherb, 한방 샴푸로 유명한 광저우 빠왕霸王의 한방 화장품 번차오탕本草堂Herbon, 그리고 바이췌링百雀羚 Pehchaolin, Pechoin이 포지셔닝을 했다. 프랑스의 아베느雅漾야양, 로레알의 라로슈포제La Roche Posay, 理肤泉 리푸췐, 일본의 고세高丝 까오쓰, 시세이도资生堂 쯔셩탕, 가네보嘉娜宝 쟈나바오의 Free Plus 芙丽芳丝 푸리팡쓰, 독일의 DMS 缔美诗 디메이스는 약장 카테고리에서 인기가 있는 브랜드들이고, P&G의 팬틴潘婷 판팅, 유니레버 럭스力士 리스, 로레알 등 글로벌 기업들도 한방 수요에 맞춘 제품들을 출시하고 있다.

남성 화장품에서는 로레알을 비롯해 1991년에 일찌감치 중국에 진출한 멘소래담曼秀雷敦 만시우레이둔, 그리고 독일의 니베아妮维雅 니웨이야가 선전하고 있다.

다음으로는 생활용품 카테고리를 살펴보자. 세제, 치약 등 생활용품 분야에는, 1912년 중국화학공업사로 설립되어 삼성치약三星牙膏 싼싱야까오를 발매했다고 전해지는 바이마오白猫, 그리고 1968년의 국영 '려수57화학공장'을 전신으로 해서 1993년 주식회사로 변신한 나아이스纳爱斯Cnice, 중국 최초로 모기약과 살충제를 생산했다는 란쥐

榄菊Lanju, 1994년 광저우에서 설립된 *리바이*立百Liby 등 전통 있는 토종 회사들이 다수 포진해 있다.

세탁비누는 *리바이*, *샨파이*扇牌, *댜오파이*雕牌 등 본토 회사가 강세다.

세탁세제 카테고리에서는 P&G의 타이드汰渍 타이쓰, Ariel碧浪 삐랑, 유니레버의 *아오먀오*奥妙Omo 등 글로벌 기업과 *바이마오*白猫, *리바이* 등 본토 기업이 싸우고 있다.

치약 카테고리 역시 글로벌 회사들과 본토 기업들이 경쟁하고 있다. 콜게이트高露洁 까오루제, P&G의 크레스트佳洁士 자제스, 유니레버가 *바이마오*白猫에서 인수한 브랜드인 *중화*中华, 홍콩의 Darlie 黑人 헤이런, 그리고 본토 브랜드는 *윈난 바이야오*云南白药, 1911년에 지구표 치아용 분말을 생산했다는 *란톈*蓝天, 시린 이 전용 제품 *렁쏸링*冷酸灵, *나아이스*纳爱斯 Cnice, *헤이메이*黑妹 등이 있다.

모발 세제 카테고리는 글로벌 브랜드가 주도하고 있다. P&G의 기능성 샴푸인 헤드 앤드 숄더海飞丝 하이페이쓰, 팬틴, 리조이스飘柔 퍄오로우, 비달사순沙宣 사쉔, Clairol伊卡璐 이카루, 올레이玉兰油 위란요우, 유니레버联合利华 롄허리화 제품들, 그리고 홍콩 회사인 C-Bons丝宝 쓰바오의 슈레이舒蕾 등이 있다. 토종 브랜드로는 한방 샴푸인 *빠왕*霸王이 유명하다.

액체 세제는 홍콩 회사 *란위에량*蓝月亮Lanyueliang 등이 도입기와 성장기를 주도해오고 있다. 미용 비누는 유니레버의 럭스力士 리스, 선실크夏士莲 샤스롄, P&G의 세이프가드舒肤佳 슈푸쟈, 올레이玉兰油 위란요우 등 글로벌 브랜드가 인기가 있다.

식음료

중국 식음료 산업 분야에는 개인적인 역경을 딛고 일어선 기업인이 많다. 생수 및 음료 회사인 *와하하* 哇哈哈 의 쫑칭허우宗庆后 는 이제 손 꼽히는 갑부가 되었다. 유제품 회사인 *멍니우* 蒙牛 의 *니우껀성* 牛根生 도 탄탄한 *꽌시*를 바탕으로 성공한 기업인이다.

음료 및 생수 카테고리에는 *와하하* 娃哈哈 를 비롯해 대만 회사 퉁이 统一Uni President, 항저우에서 설립되었고 전국권 생수 판매망을 갖 춘 눙푸샨췐农夫山泉, 주스로 알려진 *후이위엔* 汇源, 그리고 청나라 때 부터 냉차를 팔았다는 유명한 *왕라오지* 王老吉 등이 있다. *왕라오지*는 *쟈둬바오* 加多宝 와 '왕라오지' 브랜드 및 포장과 관련해 분쟁이 있었다. 두 회사 간의 마케팅 전쟁도 아주 치열한 것으로 유명하다. 중국인들 에게 친숙한 '빨간색 캔 포장의 냉차 红罐凉茶 훙관 량차'와 초록색의 테트 라 팩을 놓고 싸우는 분쟁이다. 이 밖에 코카콜라 可口可乐 커코우 커러와 펩 시 百事바이스, 산토리 三得利 싼더리 등 글로벌 브랜드도 중국에서 잘 팔린다.

유제품은 *이리* 伊利, *멍니우* 蒙牛, *꽝밍* 光明 등이 있지만 중국인들의 본토 유제품 브랜드에 대한 신뢰도는 낮은 편이다. 특히 2008년의 멜 라민 분유 파동 때문에 많은 중국 엄마들이 뉴질랜드, 오스트레일리 아, 미국, 스위스 등의 해외 제품을 선호한다. 중국 엄마들이 홍콩까 지 가서 분유를 사 오고, 해외 특송 서비스로 배달을 받아서 구입하다 보니, 중국 당국이 홍콩에서 중국으로 돌아올 때 분유의 구입 개수를 제한할 정도다. 또 가짜 뉴질랜드 분유 사건도 있었다. 중국에서 판매

:: 대표적인 중국식 패스트푸드 외식 프랜차이즈 쩐꿍푸

되는 뉴질랜드 분유의 포장용기에 표시된 뉴질랜드 주소지가 가짜였던 것이다. 당국은 해외에서 분유를 대량 수입한 다음 작은 캔에 나눠서 판매하는 소분 포장을 금지하기도 했다.

식품회사 중에는 대만 회사인 캉스푸康师傅Master Kong의 라면, 생수 등이 강세고, 역시 대만 회사인 왕왕旺旺은 과자류로 유명하다. 남경에 본사를 둔 육가공기업 위룬雨润 같은 경우는 식품사업으로 출발해서 물류, 부동산, 여행, 금융, 건설업으로 확장한 회사다. 육가공회사 슈앙후이双汇는 글로벌 육가공회사를 인수 합병할 만큼 성장했다.

외식산업은 중국에서 매우 유망하다. 중국인들은 집 밖에서 식사하는 것에 아주 익숙하기 때문이다. 하지만 외식업 중에서 고급 식당, 호텔 식당 등은 고전을 겪고 있다. 중국 당국의 부패 척결 의지 발표 이후 공무원들의 이용이 줄고 있고, 더불어 공무원에게 접대하려는 수요, 그리고 눈치를 보며 출입을 자제하는 민간 기업인들까지 가세하여 발을 끊고 있기 때문이다.

의류와 스포츠용품

의류에서는 여성복 시장의 매출이 높다. 여성 브랜드 중에서는 쟝난부이江南布衣JNBY, 꺼띠哥弟Girdeer, 마스페이얼玛斯菲尔Marisfrolg, 첸바이후이千百惠Cnchee, 셩 디아오圣迪奧Small Deer, 바이리百丽Belle, 그리고 이탈리아의 Ochirly欧时力오우스리, 덴마크 회사인 Only, 독일의

Etam艾格 아이거 등이 있다.

자사의 의류 브랜드 상품을 빠른 시간 내에 제조 유통시키는 패스트 패션, 즉 SPA 브랜드로는 일본의 유니클로优衣库 요우이쿠, 스웨덴의 H&M海恩斯莫里斯 하이언스 모리스, 에스파냐의 ZARA飒拉 사라, 네덜란드의 C&A西雅衣家 시야쟈 등이 각축을 벌이고 있다.

남성 의류는 보스덩波司登Bosideng, 바오시냐오报喜鸟Saint Angelo, 치피랑七匹狼Step Wolves, 신랑新郎Xinlang, 야거얼雅戈尔 Youngor, 샨샨杉杉Shanshan, 홍콩 브랜드 진리라이金利来Gold Lion, 그리고 아르마니阿玛尼 아마니Armani, 던힐登喜路 덩시루Dunhill, 제냐杰尼亚제니야Zegna 등이 지명도 높은 브랜드들이다.

아동복은 학기 시작 전이나 6월 1일 아동절 즈음하여 매출이 증가한다. 보스와博士蛙Boshiwa, 빠라빠라巴拉巴拉 Balabala, 커커슈棵棵树 Coctree, 훙황란红黄蓝RYB, 다디다嗒嘀嗒Dadida, 마미마카玛米玛卡Momoco 등이 있다.

온라인에서만 유통되는 브랜드를 만드는 경우도 있는데, 바오시냐오报喜鸟Saint Angelo는 온라인 브랜드인 바오냐오宝鸟Bono를 출시했다.

스포츠 의류 및 용품 카테고리는 리닝李宁Lining, 안타安踏Anta, 361두 361°, 피커匹克Peak, 터뿌特步XTEP, 챠오단乔丹Qiaodan, 나이키耐克, 아디다스阿迪达斯 등 본토 브랜드와 글로벌 브랜드가 경쟁하고 있다.

자동차

중국은 2010년부터 미국을 제치고 세계에서 가장 큰 자동차 시장이 되었다. 중국시장에서 글로벌 브랜드의 시장 점유율은 절반을 훌쩍 넘지만, 글로벌 브랜드 대부분이 중국 회사와 합자·합작 생산을 하기 때문에 본토 기업들도 자동차산업 기술 전수 등의 수혜를 입는다고 할 수 있다. 외국계 중에서는 특히 중국 개혁개방 초기에 리스크를 감수하고서라도 중국과 합자·합작을 선택한 독일 브랜드들이 선착의 효과를 거뒀는데, 폭스바겐, 아우디 등의 브랜드를 보유한 폭스바겐 그룹의 중국 내 입지는 상당히 강하다. 아울러 미국 GM그룹도 선전하고 있다.

토종 브랜드의 비중은 계속 늘어나는 상황이며, 특히 관용차의 경우는 국산 브랜드를 선택하도록 장려하는 분위기로 바뀌고 있다. 중국 공무원이 공금을 소비하는 3가지 주요 항목을 '3공3公싼꿍'이라고 하고 거기에는 관용차 유지비, 접대비, 해외 출장비가 포함되는데, 그동안 관용차로 선택된 글로벌 브랜드가 토종 브랜드로 바뀌는 추세다. 홍기紅旗훙치는 중국의 국기나 중국공산당 신문이라는 상징적 의미를 갖는 단어이자, 1958년부터 이치一汽가 만들어온 국산 차 이름이기도 하다. 다시금 이 차가 각광을 받고 있다.

자동차산업은 고용창출 효과, 세수 확대 효과가 커서 중국경제에 활력을 불어넣는 산업이다. 하지만 베이징 같은 대도시의 경우는 도로 교통상황과 환경문제 때문에 시민들은 자동차 구매에 일정 제한을 받고 있다. 상하이의 경우는 연간 정해진 숫자의 자동차 번호판을 놓고 경매를 하기 때문에 자동차 번호판 낙찰 가격이 계속 오르고 있다. 이 밖에도 신차 구매의 제한을 받는 도시가 톈진, 선전, 항저우 등으로 계속 늘어나는 추세라, 자동차 회사들은 3선 도시 이하의 지역에도 힘을 쏟고 있다.

중국에서 유명한 본토 회사로는 상하이자동차上海汽车, 이치, 둥펑东风, 창안长安, 베이징자동차北京汽车, 치루이奇瑞, 광치广汽, 비야디比亚迪 BYD, 지리吉利 Geely, 화천华晨, 창청长城, 쟝화이江淮 등이 있다.

본토 회사와 글로벌 회사와의 합작 현황을 보면, 상하이와 GM의 상하이 퉁융上海通用General Motors, 상하이와 폭스바겐의 상하이 따중上海大众Volkswagen, 이치와 폭스바겐의 이치 따중一汽大众, 이치와 아우디의 이치 아오디一汽奥迪, 이치와 도요타의 이치 펑텐一汽丰田, 이치와 마쯔다의 이치 마쯔다一汽马自达, 둥펑과 닛산의 둥펑 르찬东风日产, 둥펑과 기아의 둥펑 위에다 치야东风悦达起亚, 둥펑과 혼다의 둥펑 번텐东风本田, 둥펑과 푸조의 둥펑 뱌오즈东风标致, 둥펑과 시트로엥의 둥펑 쉐톄룽东风雪铁龙, 창안과 포드의 창안 푸터长安福特, 창안과 마쯔다의 창안 마쯔다长安马自达, 창안과 스즈키의 창안 링무长安铃木, 베이징과 현대의 베이징 셴다이北京现代, 베이징과 벤츠의 베이징 번츠北京奔驰, 광치와 도요타의 광치 펑텐广汽丰田, 광치와 혼다의 광치 번텐广汽本田, 화천과 BMW의 화천 바오마华晨宝马 등 아주 다양하다.

한편으로는 본토 회사 지리吉利Geely가 포드로부터 볼보沃尔沃 워얼워를 인수하는 등 중국 회사가 글로벌 브랜드를 인수·합병하는 사례도 늘고 있다. 그렇지만 볼보 승용차를 인수한 시너지 효과는 크지 않았다. 반면 승용차 부문을 넘긴 볼보는 오히려 글로벌 시장의 상용차와 건설 장비 부문을 강화하고 구조 조정에 성공하면서, 중국 상용차의 강자인 둥펑과 합작을 통해 시장 장악력을 높이고 있다.

가전과 IT

가전 카테고리 중에서 흑색 가전은 갈수록 고급화되고 있으나 백색 가전은 중국 주방의 일반적인 크기 등 주거 환경의 특성상, 한국과는 다른 다소 작은 크기를 선호할 수밖에 없다. 한편 중국시장용으로 특화된 제품들도 있는데, 예를 들어 중국식 두유를 만드는 *또우쟝지*豆浆机가 있고, 특히 *하이얼*海尔Haier에서 만든 고구마·감자를 씻는 독특한 세탁기洗衣机 시아지인 *따디과*大地瓜 세탁기는 농촌에서 많은 인기를 끌었다.

가전 분야의 경쟁자들을 살펴보자. 종합가전회사 *하이얼*海尔Haier은 빠른 성장을 하고 있고 일본의 산요를 인수하며 백색 가전 분야의 기술력까지 더하고 있다. 그 밖에 종합가전 브랜드로는 TCL泰科立타이커리, *하이신*海信Hisense, *창홍*长虹Changhong 등이 있다. 백색 가전 분야에는 *메이디*美的Midea, *메이링*美菱Meiling, *거란스*格兰仕Galanz, *지우양*九阳JoYoung 등이 있고, 텔레비전에 강한 *창웨이*创维Skyworth, 캉쟈康佳Konka, 그리고 에어컨으로 유명한 *거리*格力Gree가 있다.

IT 카테고리 중 노트북컴퓨터는 1984년에 창립한 토종 회사 *렌상*联想Lenovo, 선저우神舟Hasee, Digital China와 대만 회사 *아수스*华硕화슈오, 에이서宏基홍지, 그리고 휴렛패커드惠普후이푸, 델戴尔다이얼, 애플苹果핑궈, 삼성三星싼싱, 도시바东芝둥즈, 소니 索尼쉬니, 후지쯔富士通 푸스퉁 등 글로벌 회사들이 경쟁하고 있다.

휴대전화는 *렌상*联想Lenovo, *화웨이*华为, *중싱*中兴ZTE, Coolpad酷派쿠파이, Oppo欧珀오우포, 중국판 애플이라 불리는 샤오미小米 등 토종 회사들이 비교적 선전하고 있는 가운데 삼성, 애플, 블랙베리黑霉 헤이메이, 노키아诺基亚뉘지야, 모토로라摩托罗拉모퉈뤄라, 대만의 HTC宏达 훙다, Dopod多普达 둬푸다 등 글로벌 회사들이 각 브랜드별 가격대와 제품군의 포지셔닝을 통해 시장을 나누고 있다.

프린터에는 전통적 강자인 캐논佳能 쟈넝, 엡손爱普生 아이푸성, 휴렛패커드 등의 브랜드가 있다.

주류

중국 주류 시장은 꽤 독특하기 때문에 한 번쯤 연구해볼 만한 가치가 있다. 먼저 다른 나라와는 달리 주류 광고의 방송시간대 제한을 거의 받지 않는 편이다. 다른 나라들을 보면 주류의 방송광고는 금지하고 지면광고나 옥외광고만 허용한다든지, 17도 정도의 알코올 함량으로 독주와 그렇지 않은 경우를 나눠 광고시간대를 구분해서 청소년을 보호한다든지 하는 제약이 있는데, 중국에서는 주류 마케팅이 상당히 자유롭다.

따라서 중국의 주류, 특히 백주白酒바이지우 브랜드들의 마케팅 경쟁은 매우 치열하다. 1994년 이후부터 보통 연말에 벌어지는 중국 중앙텔 레비전의 차기 연도 황금시간대 광고 패키지 경매招标쟈오뱌오에서 가장 높은 가격을 적어 내는 회사를 표왕标王뱌오왕이라고 부른다. 그런데 대개는 백주 회사들이 높은 가격을 적어내 표왕을 차지하는 경우가 많았다. 이 얘기는 백주의 마케팅 비용 비중이 매우 높다는, 거꾸로 말하자면 실제 제품 생산원가는 낮을 수 있다는 반증이기도 하다. 한편 공산당 지도부가 부패 척결을 강조하기 시작한 이후로는 고가의 백주 브랜드 매출이 떨어지고 있으며, 당국에서도 일부러 *마오타이*나 *우량예* 등의 매출 하락 현황을 발표하기도 했다.

중국 주류 시장의 브랜드 현황을 알아보자. 백주 브랜드로는 *마오타 이*茅台, *우량예*五粮液, 쓰촨의 *쉐이징팡*水井坊, 역시 사천 파촉四川 巴蜀쓰 촨 빠슈의 명주인 루저우 *라오쟈오*泸州老窖, *펀지우*汾酒 등이 있다.

상하이, *저장성*, *쟝쑤성* 지역에서는 황주黃酒황지우가 인기 있다. 오나라와 상대한 월나라로 유명한 *저장성* 소흥绍兴샤오싱 지방의 고월 용산古越龙山 구위에 룽산은 17세기부터 있었던 소흥주 제조상이라고 전해지며, 이 밖에도 *상하이*의 석고문石库门스쿠먼 등이 알려져 있다.

맥주 브랜드로는 1900년에 설립된 하얼빈의 *하얼빈 피지우*哈尔滨啤酒

Harbin, 1903년에 독일인들이 *칭다오*에서 만들기 시작해 유명해진 *칭다오 피지우*青島啤酒Tsingtao, *선양의 쉐화*雪花Snow, *베이징의 옌징 피지우*燕京啤酒Yanjing 등이 있다. 와인 브랜드로는 19세기 후반 청나라 때부터 빚기 시작했다는 *산둥 옌타이의 장위*张裕Changyu와인이 있는데, 국빈 만찬 시 사용하기도 한다.

중국시장에서의
브랜드 전략

한국 기업이 중국에 진출하여 글로벌 기업 및 그 브랜드, 그리고 중국 본토의 기업 및 그 브랜드와 경쟁하려면, 가장 먼저 기업 명칭 인가를 받아야 한다. 중국에서 기업의 명칭을 정하는 방법은 아예 '국가 공상행정관리총국 규정'으로 정해져 있다.

두 가지 방법인데, 첫 번째는 '행정구역 명칭+이름+업종+회사 형태'이다. 이를테면 '*상하이* ○○○광고 유한회사'라든지, '중국 ○○투자 유한회사' 등과 같이 짓는 방법이다. 두 번째는 '이름+업종+(행정구역 명칭)+회사 형태'로, '○○화장품 *(중국)* 유한회사'라든지, '○○○식음료 *(베이징)* 유한회사'처럼 짓는 방법이다. 그리고 기업명 외에 상품이나 서비스의 브랜드는 별도로 등록해야 한다.

중국 당국도 바야흐로 중국 토종 브랜드를 키우고자 많은 노력을 기울이고 있다. 브랜드 인지도品牌知名度 판파이 즈밍두, 브랜드 충성도 品牌忠诚度 판파이 쭝청두, 品牌忠实度 판파이 쭝스두 같은 용어를 공무원들도 사용한다. 중국 내에서 득세하는 외국 브랜드와의 경쟁뿐 아니라 지구촌 글로벌 시장에서의 경쟁 때문에라도, 이제 독자 브랜드의 힘이 얼마나 중요한지를 깨달은 것이다.

2007년 8월 8일부터 시작된 중국 브랜드의 날中国品牌节 중궈 판파이졔 행사는 중국 정부의 상무부, 국가공상행정관리총국, 국가질검('품질 검사'라는 뜻) 총국과 전국공상연합, 중국 소비자협회, 그리고 중국 중앙 텔레비전 등이 힘을 쏟는 중요한 이벤트가 되었다. 국가공상행정관리 총국 내에는 브랜드 담당 부서를 두어 브랜드 관련 법률 정비, 상표 국제 등록 지원 등 행정적 지원에 나서고 있다.

한편 1991년 1월 28일 제1회 이후 계속된 중국 저명 브랜드中国驰名 商标 중궈 츠밍 샹바오 행사는 국가공상행정관리총국의 지원하에 CCTV, 중국 소비자 신문사 등이 주관한다. 제1회 행사에서 제정된 브랜드는 마오타이茅台백주, 칭다오青岛맥주, 중화中华담배, 우량예五粮液백주, 젠리바오健力宝건강음료 등 124개였다. 그렇지만 이 명칭은 이후에 너무 남발되어 그 가치가 퇴색된 감이 있다.

외국의 중국에 대한 '외국인 직접투자 FDI Foreign Direct Investment' 는 중국경제 발전의 기반을 마련하는 데 큰 역할을 했지만, 이제 중국은 외환 보유고를 어느 정도 축적해 FDI에 나서고 있다. 해외기업에 대한 인수 합병도 많이 시도하고 있다. 이러한 인수 합병의 목적에는 에너지와 기술 확보라는 대명제도 있지만, 중국이 당장 취약한 글로 벌 브랜드의 갈증을 조기에 해결하고자 하는 의도도 깔려 있다. 중국 이 현재 브랜드 문제를 얼마나 중시하는지를 보여주는 단면이라 할 수 있다.

중국에서는 오래전부터 내려온 브랜드를 '*라오쯔하오*老字号'라고 일 컫는다. 예를 들어 1699년에 창립했다고 알려진 *퉁런탕*同仁堂은 경영 위기를 서양의학과의 융합·복합이라는 시도를 통해 부활한 것으로 유 명한 약국이다. 한국 사람들도 잘 아는 *베이징* 오리고기 요리점인 *첸 쥐더*全聚德는 청나라 시절부터 이어져 내려온 *라오쯔하오*老字号 브랜드 이고, 1902년 창립된 *윈난 바이야오*云南白药 제약도 있다. 중국 당국은 *라오쯔하오*를 중국 브랜드 발전의 토대로 간주하고 도시계획을 할 때 감안해준다든지, 재정지원을 해준다든지, 마케팅 커뮤니케이션을 도 와준다든지, 대외 홍보를 위한 *라오쯔하오* 박람회를 열어준다든지 하 는 식으로 육성하고 있다.

한편, 막강한 중국 국영기업들은 금융, 석유화학, 건설, 전기, 발전 등 기간산업과 일부 소비재 영역에서 힘을 발휘하고 있다. 중국 내 시 장의 관점에서 보면 체제의 지원하에 브랜드 자산이 쉽게 구축된 것이 고, 외형적인 관점으로 보면 거대 자산을 보유한 세계적 기업으로, 세 계 500대 기업에 다수 진입하는 등 일정 수준에 도달했다 하겠다.

그중 금융 분야를 보자. 중앙은행인 중국인민은행中国人民中궈 런민 인항 이외에도 공상은행工商银行꿍상 인항, 건설은행建设银行젠셔 인항, 중국은

행中国银行 **중궈 인항**, 교통은행交通银行 **쟈오퉁 인항**, 농업은행农业银行 **눙예 인항** 등 대형 은행들은 국영으로 시장을 장악하고 있다. 초상은행招商银行 **쟈오상 인항** 등 기타 상업은행들도 국영기업이 대주주인 경우이므로 정부의 통제하에 있다고 볼 수 있다. 보험 분야도 중국인수中国人寿 **중궈 런쇼우**는 국영이고, 중국인보中国人保 **중궈 런바오**, 태평인수太平人寿 **타이핑 런쇼우** 등 대형 보험사들은 국영기업이 대주주인 경우로, 중국 내 브랜드 입지가 워낙 강하다.

문제는 중국 각 업종의 민영(사영)기업이 글로벌 브랜드들을 상대하기에는 브랜드 파워가 일방적으로 약하다는 것이다. 하지만 점차 민영기업들도 시장경제의 논리 아래 글로벌 브랜드와의 경쟁에 나설 채비를 갖추고 있다. 체제에 안주하던 국영기업들도 차츰 시장경제의 논리에 따라 글로벌 브랜드들과 치열하게 경쟁하는 국면으로 가고 있다. 바야흐로 중국시장 경쟁의 판도를 가르는 중심에 '브랜드'가 서 있는 셈이다.

글로벌 기업이 중국시장에서 브랜딩하는 법

중국시장과 소비자에게 다가서는 핵심 매개체인 브랜드 네임을 짓는 방법에 대해 자세히 알아보자. 중국에서는 글로벌 자동차회사가 만든 승용차의 꽁무니에도 중국어로 된 브랜드가 붙는다. 샴푸, 과자 할 것 없이 대부분이 그렇다. 현대 마케팅의 핵심이 브랜드이므로 중

:: 중국어로 쓰여 있는 폭스바겐 브랜드.
대중의 중쑈 자가 마치 폭스바겐 브랜드를 뒤집어놓은 것처럼 생겨서 재미있다.

국시장에 진출하는 외국계 기업에게 중국어 브랜딩은 매우 큰 고민거리가 아닐 수 없다. 먼저 글로벌 브랜드들이 중국에서 브랜딩하는 방법을 유형별로 나누어 분석해보자.

글로벌 브랜드를 중국어의 해당 단어로 표현하는 방법

애플사는 컴퓨터와 휴대전화를 선보이면서 '애플사과'에 해당하는 중국어인 '핑궈苹果'로 브랜딩했다. 이와 비슷한 예로 Blackberry헤이메이黑莓 / 검은딸기 / 블랙베리, Volkswagen따중 치쳐大众汽车 / 대중의 차 / 폭스바겐, General Motors퉁융 치쳐通用汽车 / 통용되는 차 / 제너럴모터스, Nestle췌차오雀巢 / 새집 / 네슬레, 버거킹한바오왕汉堡王 / 햄버거의 왕 등이 있다.

:: 버거킹은 햄버거汉堡한바오의 왕王왕으로 중국어 브랜딩을 했다.

글로벌 브랜드의 상징 이미지를 중국어의 해당 단어로 표현하는 방법

　프랑스의 의류 브랜드 라코스테의 상징은 악어다. 그래서 중국에서의 브랜딩을 '악어'로 정했는데, 비슷한 그림의 악어를 브랜드의 상징으로 쓰는 다른 회사가 있어서 '악어'만 사용할 수는 없었다. 그래서 라코스테는 악어는 악어지만 그중에서도 프랑스 악어라는 의미를 부여해, 중국어 해당 단어인 '*파궈 어위*法国鳄鱼'로 브랜딩했다. 프랑스의 라코스테 이외에도 중국에는 싱가포르 브랜드인 Cartelo카디러 어위卡帝乐鳄鱼, 카르텔로 악어가 있고, 홍콩 브랜드 중에도 중국에서 악어를 상징으로 쓰는 의류 회사가 있다.

글로벌 브랜드를 비슷한 발음의, 뜻이 있는 중국어로 표현하는 방법

세탁세제 타이드Tide는 중국어 브랜딩을 위해 타이드와 비슷한 발음의 중국어 중 전반적인 의미가 비슷하게 느껴지는 글을 골라내 브랜딩을 했다. 결국 '타이쯔汰渍'라는 브랜드가 탄생했는데, '씻을 태' 자와 '기름때가 낄 지' 자의 조합이 절묘하게 세탁세제 타이드의 브랜드 컨셉을 전달하고 있다. 이와 비슷한 예는 상당히 많다. 유니클로요우이쿠优衣库/ 좋은 옷의 창고, C&A시야 이쟈西雅衣家/ 서방의 우아한 옷집, 코카콜라커코우커러可口可乐/ 입이 즐거운 콜라, 초콜릿 바 스니커즈스리쟈士力架/ 무사/ 힘/ 휴대하다, 음료 스프라이트쉐삐雪碧/ 눈/ 청옥, 색조 화장품 M.A.C.메이커魅可/ 매력적인, 화장품 메이블린메이바오롄美宝莲/ 아름다움/ 보물/ 연꽃, Kose까오쓰高丝/ 높음/ 비단, 비오템삐오우첸碧欧泉/ 청옥/ 유럽/ 샘, P&G바오졔宝洁/ 보물/ 청결, Olay위란요우玉즈油/ 옥/ 난초/ 기름, 치약 콜게이트까오루졔高露洁/ 높은/ 이슬/ 청결, 존슨 앤드 존슨챵셩强生/ 좋은 생활, P&G의 브랜드인 Safeguard슈푸쟈舒肤佳/ 편안함/ 피부/ 아름다움, 에스티로더야스란다이雅诗兰黛/ 우아한/ 시/ 난초/ 여자 눈썹, BMW바오마宝马/ 보물/ 말 등이다.

글로벌 브랜드를 비슷한 발음의, 뜻은 없는 중국어로 표현하는 방법

발음은 비슷하나 뜻은 없는 중국어로 표현하는 방법도 글로벌 브랜드들이 흔히 사용하는 수법이다. 중국인들이 외국의 나라 이름, 도시 이름, 사람 이름을 표기할 때 대부분 이런 방법을 사용한다. 예를 들어 아디다스라면 소리가 아디다스阿迪达斯로 발음될 수 있는 의미 없는 글자들 '阿, 迪, 达, 斯'을 찾아 조합하는 방법이다. 비슷한 예로 나이키나이커耐克, 롤렉스劳力士라오리스, 몽블랑완바오룽万宝龙, 던힐덩시루登喜路, 피에르가르뎅피얼카단皮尔卡丹, 디즈니디스니迪斯尼, 아우디아오디奥迪, 볼보워얼워沃尔沃, 포드푸터福特, 모토로라모퉈뤄라摩托罗拉, 노키아눠지야诺基亚, 코닥커다柯达, 휴렛패커드후이푸惠普, 오레오아오리야오奥利奥, 다농다넝达能, 홀스허스荷氏, 도브 초콜릿더푸 챠오커리德芙巧克力, 환타펀다芬达, 맥도날드마이땅라오麦当劳, 베네통베이나퉁贝纳通, 색조 화장품 바비브라운바비뽀랑芭比波朗, 맨소레담 만시우레이둔曼秀雷敦, 니베아니웨이야妮维雅, S. C. Johnson 좡천庄臣, 럭스리스카士 등이 있다.

글로벌 브랜드를 원래 단어가 있는 중국어로 표현하는 방법

메르세데스 벤츠는 '번츠奔驰'라고 중국어 브랜딩을 했는데, 번츠라는 말 자체가 '질주하다'라는 뜻을 담고 있어서 자동차 브랜드의 속성을 잘 나타낸다.

글로벌 브랜드를 발음은 다르지만, 뜻이 있는 중국어로 표현하는 방법

이는 원래의 글로벌 브랜드 발음보다는 중국어 브랜드의 의미를 더 중요하게 생각해 브랜딩하는 경우다. 예를 들어 S. C. 존슨의 주방 세제인 미스터 머슬Mr. Muscle은 웨이멍 셴성威猛先生이라는 중국어로 브랜딩되었는데, '위력적이고 맹렬한 남자'라는 의미를 담고 있다. 이와 비슷한 예로는 완구 Masbro하이즈바오孩之宝 / 어린이의 보물, 화장품 라로슈포제리퓌췐理肤泉/La Roche-Posay/ 정돈된/ 피부/ 샘 등이 있다.

글로벌 브랜드를 비슷한 발음의 뜻은 없는 중국어와,
품목을 규정하는 단어로 표현하는 방법

오피스디포Office Depot는 글로벌 시장에서는 유명한 사무용품 유통 브랜드이지만, 중국 소비자들에게는 낯설기만 하다. 이들에게 브랜드도 알리고 제품의 특성도 쉽게 어필하기 위해 브랜드의 앞 글자를 각각 '오우'와 '디'로 표기한 다음에, 사무용품이라는 품목을 규정하는 '빤꿍'을 조합하여 오우디 빤꿍欧迪办公으로 브랜딩한 것이다. 이와 비슷한 예로 만년필 파카파이커 쪈삐派克金笔가 있다.

글로벌 브랜드를 원래 있는 단어+뜻이 있는 중국어로 조어하는 방법

세븐업은 '세븐'은 '7'로 표현하고, '업'을 나타내는 적당한 뜻을 '기쁨'으로 표현하여 '치시七喜일곱 기쁨'라고 브랜딩했다. 이와 비슷한 예로는 피자헛삐셩 커必胜客/ 반드시 이기는 손님, 타코벨타커 쭝塔可钟/ 타코의 벨, 유니레버롄허 리화联合利华/ 연합/ 도움/ 중국 등이 있다.

한국, 일본 등 한자권 나라 브랜드의 브랜딩 사례

한국과 일본 같은 나라의 한자 브랜드는 그 한자를 중국어 발음으로 그대로 읽는 식으로 브랜딩한다. 예를 들어 대한항공은 따한항쿵大韩航空으로, 삼성은 싼싱三星으로, 현대는 셴다이现代로, 기아는 치야起亚로, 닛산은 르챤日产으로, 혼다는 번텐本田으로, 도요타는 펑텐丰田으로, 파나소닉/마쓰시다는 쏭샤松下로, 후지쯔는 푸스통富士通으로, 도시바는 뚱즈东芝 등으로 브랜딩하는 방식이다. 같은 한국과 일본의 브랜드라도 영어를 기본으로 하는 브랜드는 비슷한 중국 발음을 찾아 중국어로 표현하고 있다. 예를 들어 이마트는 이마이더易买得로, 마쯔다는 마쯔다马自达로, 소니는 쉬니索尼로, 샤프는 샤푸夏普로, 캐논은 쟈넝佳能으로, 올림푸스는 아오린빠스奥林巴斯로, 산토리는 싼더리三得利로, 고세는 까오쓰高丝 등으로 이름 짓는다.

한편, 한국에서 온 브랜드라는 것을 강조하려는 듯 '韩'을 넣은 브랜드가 눈에 많이 띄는데, 한국타이어는 한타이룬타이韩泰轮胎, 아시아나항공은 '한국의 아시아나'라고 해서 한야항쿵韩亚航空, 하나은행은 소리 나는 발음에 맞추어 한야인항韩亚银行으로 작명되어 아시아나항공과 하나은행의 두 회사가 같은 이름을 쓰게 되었다.

한국 기업이 중국에서 브랜딩을 할 때 주의해야 할 또 다른 핵심은 중국에서는 간체자를 쓰기 때문에 자연히 동음이의어가 한국보다 더 많다는 점이다. 예를 들어 한국에서는 도량형의 한 말, 두 말을 세는 '말 두'와 '싸울 투'는 엄연히 다른 두 개의 한자어이지만, 중국에서는 斗dou라는 하나의 글자로 쓰인다. 다만 중국인들 발음의 높낮이인 성조는 각각 3성과 4성으로 다르기 때문에, 중국인들은 소리로 들었을 때 분명하게 구분해낸다.

한국과 일본의 브랜드를 포함한 글로벌 브랜드들은 지금까지 브랜딩을 할 때, 중국 소비자가 기본적으로 영어를 거의 모른다고 가정해 왔다. 더군다나 TV 광고를 할 때 영어 브랜드로는 내레이션을 할 수 없었다. 그러나 이제 규제가 풀려서, 예를 들어 혼다자동차 같은 브랜드의 TV 광고에서는 과거처럼 중국어 브랜드인 '번톈本田'이라고 하지 않고 알파벳 발음으로 '혼다'라고 내레이션하고 있다. 그렇지만 여전히 많은 소비자들이 이 회사의 브랜드를 '번톈'으로 인식하고 있기에 과도기의 혼선을 겪기도 한다.

중국 본토 기업이 브랜딩하는 법

위에서는 글로벌 브랜드들이 중국시장에 들어와 브랜딩하는 방법을 유형별로 분석해보았다. 그렇다면 한국 기업이 역시 맞상대해야 할 중국 본토의 토종 기업들이 어떻게 브랜딩하는지도 당연히 연구를 해봐야 할 것이다. 이들 역시 유형별로 나누어 살펴보자.

중국어의 의미를 전달하는 영어 단어로 조어하는 방법

스포츠용품 터뿌特步는 '특수 보행', 즉 '특별한 발걸음'이라는 의미가 되는데, 영어 브랜딩은 '엑스트라 스텝'이라는 단어들을 조어하여 XTEP으로 지었다. 이와 비슷한 예로는 휴대전화 등 전자제품의 쿠파이酷派Cool Pad, 쿨한 파벌, 아동복 홍하이즈红孩子Red Baby, 붉은 아이, 전자 상거래 하오차이마이好采哭OK Buy/ 좋은 선택·구매 등이 있다.

중국어의 발음에 해당하는 영어 단어로 조어하는 방법

이번에는 중국어의 뜻이 아니라 발음으로 연상되는 영어를 적당히 맞추어서 조어하는 방법이다. 스포츠용품 피커匹克는 중국어 발음에서 연상되는 영어 단어 Peak산봉우리로 영어 브랜딩을 했다. 이와 비슷한 예로는 가전 하이신海信Hi Sense, 지우양九阳Jo Young, 자동차 치루이奇瑞Chery, 전자 상거래 이취易趣Each Net, 치약 나아이스 纳爱斯 Cnice, 여성 의류 훙시우红袖Hope Show(원래 중국어로 红袖는 '붉은 소매' 또는 '여자'라는 뜻), 의류 야거얼雅戈尔Youngor 등이 있다.

중국어의 발음을 영어로 표기하는 방법

스포츠용품 얼커尓克는 중국어 발음을 그대로 병음拼音핀인 표기하여 영어 브랜드 Erke로 표기했다. 이와 비슷한 예로는 음료 및 생수 브랜드 와하하娃哈哈Wahaha, 문구 천광晨光Chenguang, 자동차 지리吉利 Geely, 전자제품 오우포欧珀Oppo, 가전 하이얼海尔Haier, 가전 메이디 美的Midea 등이 있다. 브랜드에 따라 병음 표기에서 약간 변형한 것도 보인다.

중국어의 발음을 영어 이니셜로 표기하는 방법

통신 설비 및 휴대전화 회사인 중싱 통쉰中兴通讯을 영어로 표기하면 Zhongxing Tongxun Equipment가 되는데, 여기서 이니셜을 따서 영어 브랜드를 ZTE라고 정했다. 비슷한 예로는 자동차 비야디比亚迪BYD, 종합 가전 TCL泰科立 타이커리, The Creative Life, 가구 매장 지성웨이빵吉盛伟邦 JSWB 등이 있다.

중국에는 바오, 파이, 스가 들어간 브랜드가 많다

외국계 전자 상거래 기업인 New Egg와 합자·합작을 하면서 중국어 브랜딩은 신딴新蛋새로운 계란으로 정했다.

한편, 중국에서는 바오宝보물, 파이牌:ㅇㅇ표, 스氏:ㅇ씨가 들어간 브랜드를 많이 사용한다. 먼저 바오의 예를 살펴보면, 전자 상거래 타오바오淘宝고르다/보물, 음료 쟈둬바오加多宝 더하다/많은/보물, 건강음료 젠리바오健力건강/힘/보물, 개인 위생용품 쓰바오丝宝비단/보물 등등 그 수를 헤아릴 수 없을 정도로 많고, P&G바오제宝洁/보물/청결, 메이블린메이바오렌美宝莲/아름다움/보물/연꽃, BMW바오마宝马/보물/말 등 글로벌 브랜드들도 여기에 가세하고 있다.

파이牌패는 우리 나라의 샘 '표', 부채 '표' 등과 같은 형식인데, 세탁비누를 예로 들면 산파이扇牌 부채표, 댜오파이雕牌 독수리표같이 전통적인 브랜드에 많이 쓴다.

스氏씨는 비교적 소규모의 중국 브랜드에 많이 쓰이지만, 홍콩의 유통업체인 Watsons취천스屈臣氏나 미국의 하인즈헝스亨氏, 영국의 홀스허스荷氏, 폰즈팡스旁氏 같은 글로벌 브랜드에도 사용한다.

유사 브랜드, 짝퉁, 샨자이, 잡패의 차이점

글로벌 기업들이 중국시장에 진출하면 이른바 유사 브랜드, 짝퉁, *샨자이*, 잡패 등으로부터 브랜드 권리를 침해받을 수 있다. 유사 브랜드, 짝퉁, *샨자이*, 잡패가 각각 개념적으로 어떻게 다른지, 어떤 사례들이 있는지 알아보자.

유사 브랜드

유사 브랜드란 유명 브랜드와 이름을 비슷하게 지은 것이다. 물론 짝퉁이나 *샨자이*도 브랜드 네임을 비슷하게 짓기는 하지만, 유사 브랜드가 짝퉁이나 *샨자이*와 구별되는 가장 큰 특징은 이들의 마케팅 활동이다. 첫째, 유사 브랜드는 정식으로 등록이 되어 있다. 둘째, 유사 브랜드는 TV 광고 등 각종 대중 마케팅 도구를 활용한다.

나이키의 중국어 브랜드는 *나이커*耐克 다. 이 '*커*' 자가 들어간 스포츠용품 및 의류 브랜드가 중국에는 상당히 많다. 예를 들면 *피커*匹克 Peak는 TV 광고와 미국 프로농구 스폰서까지 할 정도로 널리 알려졌고, *얼커*尔克 Erke는 오스트레일리아 오픈 테니스 대회 스폰서를 했다. 이 밖에도 *메이커*美克, *티커*体克, *페이커*飞克 Flyke, *빠커*霸克 등 사례가 다양하다.

한편 마이클 조던의 중국 이름은 *마이커얼 챠오단*迈克尔乔丹 인데, *챠오단*乔丹이라는 스포츠 의류 및 용품 브랜드도 유명하다. 챠오단의 브랜드 심벌은 나이키 에어조단의 비주얼과 비슷하게, 농구선수가 공을 잡고 뛰어오른 상태의 모습이다.

일본의 화장품 브랜드 시세이도는 중국에서 널리 알려져 있는 브랜드다. 시세이도의 영어 브랜드는 Shiseido, 중국어 브랜드는 쯔성탕资生堂인데, 쯔란탕自然堂 화장품 회사에서는 Chcedo와 Chando라는 화장품 브랜드를 내놓고 있다. 쯔메이탕姿美堂은 미용 및 건강식품 회사인데 Simeitol이라는 브랜드가 있다.

의류 및 신변 잡화의 명품 브랜드 중 하나인 크리스찬 디올의 중국어 브랜드는 디아오迪奧인데, '세인트디올'이라는 의미의 '셩디아오圣迪奥 영어 브랜드로는 Small Deer'가 있고, 폴로와 비슷한 '마커쁘뤄马可波罗 Make Polo'도 있다.

한국을 상징하는 '韓'을 포함시킨 브랜드들은 '한국'의 원산지 효과가 비교적 강한 가전제품, 화장품, 성형외과, 한국식 고기구이 체인점, 중소형 옷가게, 미용실 등의 업종에서 찾을 수 있다. 예를 들어 한국 전자 냉장고라는 의미의 한덴 삥샹韩电冰箱이라는 브랜드는 영어 브랜드를 KEC라고 정하고, 브랜드의 심벌에 태극 문양을 사용하며 중국 중앙텔레비전에 광고를 한다. 성형외과들은 주로 한국인 모델을 내세워 마케팅을 하고 있다.

짝퉁

짝퉁은 말 그대로 가짜 제품이다. 중국어로는 쟈마오假冒라고 한다. 베이징이나 상하이 등지에는 짝퉁 전용 시장이 있고, 호객 행위를 해가며 명품 시계, 명품 핸드백 등의 품목을 판매한다. 중국에서는 명품을 사치품이라고 하는데, 닐슨의 조사에 따르면 중국인의 유명 브랜드 선호도가 세계 평균보다 10% 정도 높다고 한다. 그렇지만 중국시장에서 명품의 정품을 구입하려면 관세가 높고, 외국계 명품 브랜드들도 마진율을 높게 잡기 때문에 해외에서 구매할 때보다 상당히 비싸다. 짝퉁이 인기를 끌 수밖에 없는 이유다. 외국 관광객들도 짝퉁을 많이 찾는 것도 한몫한다.

샨자이

*샨자이*山寨는 우리 말로는 산채, 그러니까 '산중에 있는 도당의 군영·병영'을 일컫는다. 중국에서 *샨자이*라는 말은 중앙정부의 관리를 벗어나 복제품, 해적판을 만들어낸다는 데서 비롯되었다. 그런데 중국에서는 주로 IT 제품에 한정해서 쓰는 경우가 많다. 휴대전화, 디지털카메라, MP3, 게임기 등이 그것이다. 브랜드는 Samsing, Nokir 등으로 비슷하게 붙여놓는다.

아예 복제품처럼 브랜드를 그대로 모방해서 만드는 경우에는, 중국 사람들이 *샨자이*와 구별하여 *커룽*克隆이라고 부른다. 영어의 클론 Clone에서 따온 말이다. 조금 다른 얘기지만, 중국에는 *커룽* 개념을 다른 분야로 전개한 *커룽* 택시도 있다. 차량 번호판을 복제하고 승객에게 위조지폐를 맞바꾸어 준다든지, 트렁크에 짐을 싣고 도주한다든지 하는 범죄 택시를 일컫는 말이다.

샨자이 전자제품으로 시작해 상당한 수준의 품질을 인정받아 정규 시장에서 당당히 승부하는 경우도 있다. 대표적으로 중국판 애플이라 불렸던 샤오미小米 휴대전화는 많은 소비자의 호응을 얻었다. 이제는 오히려 시장점유율에서 앞서 가고, 글로벌 기업 출신의 직원을 영입하며 변신을 꾀하고 있다.

잡패

중국말로는 자파이杂牌라고 한다. 한마디로 말해 유명하지 않은 브랜드다. 온라인상의 타오바오 같은 곳에서 팔리는 중소 의류 브랜드라든지, 중소 가전 브랜드 등을 일컬어 자파이라고 한다. 그렇다고 해서 짝퉁이나 샨자이는 아니다. 다만 유명하지 않을 뿐이다. 자파이 중에는 가격 대비 높은 품질로 특정 소비층에게 지속적으로 사랑받는 브랜드들도 있다.

PART 3

어떻게 중국 내수시장을
사로잡을 것인가

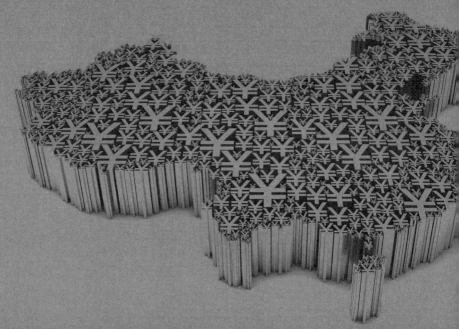

거대한 중국시장에는 웬만한 글로벌 브랜드들이 이미 다 들어와 있다.
따라서 한국 기업의 중국시장 진출은 중국 본토 브랜드와의 경쟁인 동시에
글로벌 브랜드와도 맞상대하는 것을 의미한다.
한국은 중국 내수시장에서 글로벌 브랜드를 상대할 소비재 브랜드가 취약하다.
한국의 내로라하는 대기업도 이상하리만큼 중국을 대상으로 한 마케팅 역량은 약하다.
그러므로 중국시장과 소비자의 특성을 파악하여
마케팅의 기본기와 현지화 시장 전술을 동시에 구사해야 한다.

왜 중국 내수시장이
중요한가

　어떤 기업이든 자국의 시장과 소비자만을 대상으로 사업을 국한하지 않는다면, 그 기업은 이미 글로벌 기업이다. 유사한 맥락에서 14억 인구를 가진 오늘날 중국은 모든 글로벌 기업이 결코 포기할 수 없는 매력적인 시장일 것이다. 역사적으로도 중국은 이미 당나라 때부터 국제무역의 강국이었고, 19세기 초반의 아편전쟁 이전까지만 하더라도 세계인구와 경제의 큰 비중을 차지하던 나라였다. 산업화와 열강 제국주의 시대에 어려움을 겪었고, 사회주의 시기에 경제적으로 답보 상태에 있었지만, 중국인들에게 면면히 이어져온 시장경제의 유전자가 엄연히 존재하는 것도 사실이다. 예를 들어 1957년부터 개최된 광저우 지역의 전통적 무역 상담 행사인 *광쟈오후이*(广交会广州中国进出口商品交易会 / *광저우 중궈 진추코우 상핀 쟈오이후이*/Canton Fair)나, 중서부 개발의 핵심 거점 중 하나인 충칭도시의약칭은 渝위에서 열리는 중국 서부 국제투자와 수입 소비품 무역의 상담장인 *위차후이*渝洽숲 등은 전형적이고 역사적인 중국 상인들의 열띤 경연장 모습 그대로다. 또 중국 소비의 대표적 성수기인 연말연시 신정과 구정, 10월 국경절 연휴, 5월 노동절 연휴에 거리에 나가 보면 온 힘을 다해 장사를 하는 여러 모습의 중국 상혼商魂을 느낄 수 있다.

정치체제와 경제체제를 놓고 비교해보자면, 이미 사회주의를 포기한 러시아가 2012년에 이르러서야 WTO에 가입한 반면, 아직까지 사회주의 체제를 고수한다고 공언하는 중국이 2001년 WTO에 가입하면서 적극적으로 글로벌 경제체제에 편입되고 있음은 시사하는 바가 크다. 경제를 중시하는 중국인의 전통이 느껴지는 부분이다. 또 비슷한 사회주의를 경험했지만, 구소련 매장들에서 직원들이 멀뚱하게 고객을 대하는 모습이 아직도 흔히 보이는데 반해, 중국의 매장들에서는 오랜 전통의 자본주의 국가를 뺨칠 정도의 적극적 고객 응대가 눈에 띈다. 글로벌 기업들은 이미 청나라 말과 중화민국 초기에 이러한 중국시장에 진출하였으며, 개혁 개방 이후에도 1980년대 초반부터 적극적으로 시장 개척에 나서고 있다.

그렇다면 한국에게 중국은 어떤 의미인가? 한국에게 중국이란 의미는 새삼 설명이 필요 없으리만큼 중요하고, 또 앞으로 더 중요해질 것이다. 더욱이 한중 FTA 시대를 맞고 있다. 동아시아 공동시장론이 구체화되고 있다는 얘기다. 다만 중국과 일본은 경제, 국제 관계, 역사적으로 협력과 견제의 상반된 생리를 갖고 있기 때문에, 공동시장이 경제 공동체로 발전할 것인지는 또 다른 문제가 될 것이다. 그렇다고 하더라도 동아시아 공동시장에 순환고리로 연결되어 있는 경제권까지 고려하면 그 파장은 방대할 수밖에 없다. '환태평양 경제동반자 협정'을 비롯해서 유럽, 동남아시아, 중앙아시아, 서남아시아, CIS, 중동과 아프리카까지 포함된다. 이러한 거시적 추세는 당대보다도 자라나는 세대에 더욱 큰 무게감으로 다가올 수밖에 없다. 한국의 젊은 세대가 중국을 더 연구하고 잘 알아야 하는 이유다. 게다가 중국은 경제뿐만 아니라 정치와 국제 관계 역학 측면에서 한국에 큰 영향을 끼치고 있으며, 인적·사회적·문화적인 상호 교류도 급증하고 있다.

　1992년 한중 수교 전후를 즈음하여 많은 기업이 중국에 진출했고, 지금도 많은 기업들이 중국 진출의 기회를 엿보고 있다. 한국경제에서 중국이 차지하는 위상은 크다. 교역량과 교역의 비중, 우리나라의 무역흑자에 대한 중국의 기여도, 중간재로 중국에서 소비재를 생산하여 다른 나라에 수출하는 산업의 구조, 지리적으로 가까운 이점 등 이루 열거하기 힘들 만큼 많다. 그런데 우리나라의 대중 무역흑자의 내막을 들여다보면 상당히 부실한 측면이 많다. 우리나라의 중국에 대한 수출 의존도가 지나치게 높음은 말할 나위도 없거니와, 수출 품목은 소비재보다는 부품, 중장비, 기계, 건설자재 등 중간재에 치우쳐 있다. 그렇다면 중국의 소비시장이 아무리 확대되어도 제한적인 수혜에 그치게 된다.

게다가 한국의 소비재가 적기도 하고 중국시장과 소비자에 대한 마케팅 역량도 매우 약하다. 거대한 중국시장에는 웬만한 글로벌 브랜드들이 이미 다 들어와 있다. 따라서 한국 기업의 중국시장 진출은 중국 본토 브랜드와의 경쟁인 동시에 글로벌 브랜드와 맞상대하는 것을 의미한다. 한국은 중국 내수시장에서 글로벌 브랜드를 상대할 소비재 브랜드가 취약하다. 한국의 내로라하는 대기업도 이상하리만큼 중국을 대상으로 한 마케팅 역량은 약하다. 우리는 중국시장과 소비자의 특성을 고려해 마케팅의 기본기와 현지화 시장 전술을 동시에 구사해야 한다. 한쪽으로 편중된 역량은 오히려 더 나쁜 결과를 초래할 수 있다. 그러다 보니 중국시장과 소비자를 상대하기를 회피하고, 점점 늘어나는 한국교민을 대상으로 사업을 하거나, 한국 기업들끼리 갑을 관계를 형성하는 경우도 많다.

많은 한국인이 중국에서의 공력을 내세운다. 중국에 온 지 10년, 20년 하는 것도 물론 공력이다. 그러나 그중 일부는 놀라울 정도의 지식과 현지화 수준을 보이는 반면 그렇지 못한 이들도 많다. 한국 기업들이 오랜 시간 교민 커뮤니티에서 생활하고, 중국 조선족 동포를 직원으로 채용하여 한국말로 업무 지시를 하고 보고를 받는 가운데, 글로벌 기업들은 글로벌 마케팅의 기본과 로컬 현지화의 전술로 시장을 선점해왔다. 또 중국 현지 기업들의 성장세도 무서운 힘을 발휘하고 있다.

이제 한국 기업에게 중국 진출은 딜레마다. 이 기업도 저 기업도 다가니 일단 따라가고 보는, 소위 늑대 떼의 속성을 발휘할 것인지 혹은 차근차근 꼼꼼하게 준비하다 뒷북치거나 상투를 잡을 것인지 하는 선택의 기로에 서 있다. 또 다른 딜레마는 한국적 경영이다. 한국에서 한국시장의 특수성을 등에 업고 글로벌 기업들을 상대해 이겨내고, 굴지의 글로벌 기업들을 무력화시킨 한국 기업들이 여러 업종별로 다수 존재한다. 그 필승의 방정식을 중국시장에서 글로벌 기업들과 중국 기업들을 상대로 다시 한 번 구현할 수 있을 것인지, 구현한다 해도 중국시장과 소비자에게 먹힐 것인지 하는 딜레마다. 한편으로는 브랜드의 원산지 효과를 활용할 것인지 하는 딜레마도 존재한다. 즉 한국 브랜드라는 것을 밝힐 것인지 말 것인지의 문제다. 핵심 인력의 딜레마도 존재한다. 핵심 경영 인력을 한국인이 맡는 것이 효율적인지 중국인이 맡는 것이 효과적인지의 문제다.

여기에서는 간단히 몇 가지 딜레마의 예만 들었지만, 실전에서는 훨씬 더 복잡다단한 과제들을 해결해 나가야 한다. 이러한 과제는 교과서에 가까운 원론이나 당위론의 나열로는 해결할 수 없다. 이제 한국 기업에게 중국시장과 소비자는 선택의 여지 없이 더 가까이 다가가야 할, 제대로 알고 상대해야 할 또 하나의 내수시장이기 때문이다.

잘나가는 기업과 그렇지 못한 기업

외국 기업이 중국에 들어올 때는 합자나 합작, 독자 기업이라는 세

가지 형태를 띠기 마련이다. 1978년 중국공산당 제11계届제 3중전회中全会 중첸후이를 계기로 개혁과 대외 개방의 길로 들어섰지만, 외국계 기업에게는 완전한 의미의 개방이라고 하기 어려웠고 제약도 많이 따랐다. 이후 1990년대에 덩샤오핑이 중국 동남부 지방을 순회하며 대외 개방을 더욱 독려했던 남순 강화南巡讲话와 2001년 WTO의 가입은, 중국 내 외국계 기업들에게 조금 더 글로벌 경제체제와 비슷한 경영활동을 가능하게 하는 전환점이 되었다.

납입자본을 나눠 지분율을 구성하는 합자, 경영 정보를 공유하거나 기술을 제공하는 합작, 독립적으로 경영활동을 하는 독자 기업의 형태는, 각각 저마다 그 외국계 기업의 처지와 목적에 걸맞게 선택되었다. 예를 들어 모토로라 같은 경우는 초기부터 독자 기업의 길을 걸었는데, 기술 유출을 우려했기 때문이었다고 한다. 합자 기업을 선택했다 해도 중국 내 사업이 정착을 하고 전망이 밝아지면, 유상증자 등을 통해 지분율을 높이거나 독자 기업으로 전환하기도 한다.

한국과 일본의 기업들은 대개 합자 기업을 선호한다. 합자 경영을 통해 중국 내 경영 환경의 변동성을 최소화하고 조기 안정을 도모하기 위해서다. 한국과 중국 기업이 합자 기업을 할 경우에는 대개 한국 쪽이 CEO 격인 총경리总经理 쭝징리를 맡고, 중국 측이 이사회 의장 격인 동사장董事长 둥스장과 부총경리를 맡는다. 한국의 이사회와 중국의 동사회董事会 둥스후이 개념이 완전히 같지 않으므로, 동사장과 이사회 의장이 같은 역할을 한다고 말하기는 다소 어려우나 개념적으로는 비슷하다고 볼 수 있다.

일본 기업들이 중국에서 사업을 할 때 어려운 점 중 하나가 중일 양국 간의 정치 외교적 마찰이 자주 일어난다는 것이다. 과거사 문제, 역사 인식 문제, 영토 문제 등은 문화적인 이질감과 더불어 일본 기업에게 큰 어려움으로 느껴진다. 아직까지도 중국 주요 텔레비전의 인기 드라마를 보면 일본의 중국 침략과 중국의 항일 전쟁을 묘사한 것이 많다. 지금까지 주요한 정치 외교적 마찰이 있을 때마다 일본제품 불매 운동, 일본 기업이나 기관에 대한 습격, 노상 테러, 일제 자동차 훼손 같은 사건들이 일어났다. 그래서인지 일본 기업들은 합자 기업 형태를 선호하며, 중국의 3대 노동조직이라고 할 수 있는 공회, 당 지부 또는 당 위원회, 직공 대표회의 등의 관리를 중시한다. 글로벌 기업이 아닌 본토 기업이라 하더라도 중국 내에서는 노동자에게 유리한 법리 적용이 일반적이기 때문에, 특히 외국계 기업으로서는 더더욱 노무 관련 사안에 주의를 기울일 수밖에 없다.

한편 글로벌 기업이 중국인들의 문화적 특성을 제대로 이해하지 못해 공든 탑이 무너지고 대형 위기로 이어지는 경우도 많다. 그중에서 대중광고를 잘 못해 위기를 불러온 유명한 사례로는 나이키, 맥도날드, 도요타자동차, 일본 페인트 입방칠 등이 널리 알려져 있다.

기업의 사회 공헌 활동인 기업 사회적 책임CSR도 중국에서는 중국 문화에 걸맞게 접근해야 할 부분이다. 농촌 학교를 돕는 것도 좋고 사회 보호시설을 돕는 것도 좋지만, 중국에서 가끔 발생하는 대지진 등

:: 미국 최대 전자제품 소매회사인 베스트바이, 중국에서는 판매 부진으로 철수했다.

자연재난 후에는 반드시 글로벌 기업들의 기부금 명부가 정확한 액수와 함께 인터넷에 돌아다닌다는 점을 잊어서는 안 된다. 이런 명부의 제목은 보통 '중국에서 떼돈을 벌면서도 아주 쩨쩨하고 뻔뻔하게 구는 외국 회사들' 류이다.

중국에 진출한 글로벌 기업 중 가면 갈수록 어려워지는 대표적인 업종이 유통업이고, 그중에서도 백화점이 가장 힘들다고 할 수 있다. 이러한 유통을 포함해 각 업종의 글로벌 기업들 중 어려움을 겪고 있는 회사들을 한번 살펴보자.

베스트바이百思买 바이쓰마이, 홈데포家得宝쟈더바오, 베르텔스만贝塔斯曼 베이타스만, 까르푸家乐福쟈러푸, 월마트沃尔玛워얼마, 테스코乐购러꼬우, 미즈노美津浓메이진농, 리복锐步루이뿌, 움브로茵宝인바오 등 많은 회사가 철수하거나 일부 점포를 폐점하고 있다. 구글은 서버를 홍콩으로 옮겼으며, AOL은 철수했고, 야후와 이베이는 명맥을 유지하고 있다. 요플레优诺요우눠, 파마라트帕玛拉特파마라터, 크래프트卡夫카푸, 바비인형芭比바비과 피셔프라이스费雪페이쉐로 유명한 마텔美泰메이타이 등은 철수와 재진입을 반복하고 있다. 여기에 언급하지 않은 외국계 기업 중에도 시장의 진화, 소비자의 변화, 당국과 환경적 요인의 압력 등으로 어려움을 겪는 곳이 너무나 많다.

반면 폭스바겐大众따중, 네슬레雀巢취차오, P&G宝洁바오제 등은 글로벌 브랜드의 성공적인 중국 진출 사례라 할 수 있다.

폭스바겐은 개혁 개방 초기 중국에 진출하여 이미 1985년에 리스크를 감수하고 중국 기업과의 합자를 택했다. 그리고 경영 합작과 기술 이전 등 중국에 가장 필요한 부분을 적절히 제공해가며 글로벌 자동차 회사 가운데 가장 성공적으로 중국에 안착했다. 폭스바겐의 초기 모델인 산타나桑塔纳상타나/ Santana는 중국인들의 뇌리에 깊이 각인되었고, 지금까지도 중국인에게 사랑받는 승용차의 대명사가 되었다. 1991년에는 폭스바겐 계열 브랜드인 아우디도 중국시장에 진출했다. 아우디의 심벌마크가 동그라미 4개인데 마치 중국인들이 좋아하는 숫자 8을 2개 붙여놓은 듯한 이미지여서 인기가 좋다는 설도 있지만, 아우디 역시 글로벌 시장에서 겪는 BMW, 메르세데스벤츠와의 경쟁국면보다는 중국시장에서 확실히 선전하고 있다.

네슬레 역시 중국시장에 성공적으로 안착한 케이스다. 네슬레가 중국시장에 진입한 역사는 1908년으로 거슬러 올라간다. 약 70년의 세월이 흐르고 개혁 개방 직후인 1980년에 다시 중국시장에 진출해 소비자들에게 커피라는 제품을 선보이게 되었다. 이때 네슬레가 상하이광고회사와 공동으로 개발했던 광고 슬로건广告标语광까오 뱌오위이 "맛참 좋군味道好极了웨이따오 하오질러."이었다. 당시 네슬레는 차 문화가 주류인 중국 소비자들에게 커피를 소개하기 위해 간이 시장조사를 통해 로컬 마케팅 전략을 수립, 집행했고, 일정 정도의 성공을 거두었다. 그리고는 중국시장 본격 진출을 위해 진일보된 시장조사를 실시했다. 결과적으로 네슬레는 그 어떤 외국계 기업보다 중국 소비자의 생각과 심리를 더 잘 파악하게 되었고, 축적된 조사 데이터를 보유하기에 이르렀다. 본격적인 중국시장 진출을 앞두고 네슬레가 추출해낸 마케팅 컨셉의 핵심은 중국인들이 체면을 중시하고 다수의 행동을 따라 해야 마음이 편해진다는 점이었다. 이를 바탕으로 마케팅 전략과 그에 걸 맞은 시리즈 광고 전략을 세우고 집행한 것이다.

예를 들어 초기 광고인 손님 편에서는 손님이 지인의 집에 놀러 갔 는데, 집주인이 중요한 손님이 왔다고 득의만면한 표정을 지으며 네 슬레를 대접한다는 아주 직설적인 내용이다. 후속인 며느리媳妇시푸 편, 새해 선물新年送礼物 신넨 쑹리우 편, 우의友谊요우이 편 등도 일관되고 통일된 브랜드 전략으로 시장 정착에 성공했다.

P&G 역시 글로벌 마케팅 사관학교라는 명성에 걸맞게 멀티 브랜 드를 잘 관리해온 기업이다. 적절한 시장조사와 소비자 기호 파악, 전 략적 가격·제품·유통 정책, 그리고 모범적인 판촉 활동을 중국시장에 선보여 왔다.

외국계 기업이 중국시장과 소비자를 상대로 어떻게 성공하는지, 무 엇 때문에 어려움을 겪는지를 살펴보면, 해답은 의외로 간단하다. 마 케팅을 포함한 전략과 집행을 제대로만 하면 된다는 지극히 단순한 핵심을 읽을 수 있다. 그러나 단순한 것 같아도 어려운 이 작업을 제 대로 하려면 더 많이 알아야 한다. 중국인이 외제를 좋아한다는 조사 결과가 있기는 하나 원산지 효과만 노린다고 다 잘되는 것은 아니다. 또 중국인들이 일본과 한국의 대중문화를 좋아한다고 해서 합일哈日 하르, 즉 일본 대중문화를 추종하는 현상과 합한哈韩하한, 한국 대중문화를 추종하는 현상에 편승한다고 잘되는 것도 물론 아니다.

세계적으로 유명한 명품 브랜드를 중국에서는 사치품奢侈品셔츠핀이라고 부르는데, 중국인들이 명품을 좋아하기는 하나 중국인들의 명품 브랜드에 대한 선호도 순위가 글로벌 시장에서의 일반적 선호도 순위와 일치하지 않는 부분이 분명히 존재한다. 이런 현상은 해당 기업이 중국시장과 소비자를 잘 이해하고 마케팅과 경영활동을 잘했기 때문이다. 예를 들어 미국 브랜드 코치Coach/ 蔻馳코우츠는 일반적으로 글로벌 시장에서는 브랜드 명성이 여타 명품 브랜드에 뒤처진다고 알려져 있지만, 중국시장에서만큼은 이례적으로 훌륭한 브랜드 인지도와 브랜드 포지셔닝을 보이고 있다.

중국에 진출한 한국 기업도 당연히 성공적인 기업과 그렇지 않은 기업으로 나뉜다. 한국에서 해당 업종 수위를 다투는 대기업이라 해도 중국 내에서는 2~3류 브랜드로 전락하거나 한국인을 대상으로 한 사업으로 근근이 명맥을 이어 가는 존재감 없는 기업이 있는가 하면, 한국 내에서는 중하위 브랜드이지만 중국이라는 특수한 환경의 신시장에서 전략과 집행의 성공으로 훌륭한 브랜드 자산을 구축해 가고 있는 기업이 있다.

중국의
시장조사, 매체, 신소비자

자국 시장에서 마케팅을 할 때도 시장조사의 중요성이 큰데, 하물며 다른 나라의 시장에 진출해서 그 나라의 소비자를 상대할 때 어떻게 소비자의 AIO(Activity, Interest, Opinion어떤 활동들을 하는지, 어떤 것에 흥미를 느끼는지, 어떤 견해를 갖고 있는지)를 알 수 있으며, 어떻게 그들이 소비생활을 하는지 A&U(Attitude & Usage상품에 대한 태도와 사용 현황)를 파악할 수 있을까? 가장 기본적인 방법은 조사일 수밖에 없다.

중국에서 초창기 조사의 형태는 1986년 *베이징*의 중국 사회조사 사무소에서 시작되었다고 전한다. 이 밖에 국가 통계국, 지방 각 성省의 통계국 산하에도 소규모 조사 조직이 각각 있었다. 그리고 중국 중앙텔레비전CCTV은 시청률 조사 등을 위해 CVSC라는 조직을 두었다가, TNS와 함께 CTR 央視市場研究股份有限公司양스 스창 옌지우 구펀 요우셴 꿍스을 만들었다.

그렇지만 중국에서 소비자 조사가 일반화된 것은 서방의 조사회사가 들어오면서부터라고 할 수 있다. 그리고 서방의 조사회사가 본격적으로 활동하기 전인 1988년을 시작으로, 일본의 한 대학—橋대학이 중심이 되어 중국 *베이징, 상하이, 광저우* 등 도시민의 광고 관련 소비자 의식을 일본인과 비교하는 조사가 있었다고 한다. 본격적인 중국시장 조사가 시작된 것은 갤럽盖洛普가이뤄푸, 닐슨尼尔森니얼선 같은 전문 조사회사들이 글로벌 기업과 브랜드들의 중국시장 본격적 진출에 때맞추어 동반 진출하면서부터이다. 조사회사들은 글로벌 기업들이 의뢰한 중국시장 조사를 수행했다. 어차피 글로벌 기업들의 조사 수요라는 것이 전 세계 시장조사이기에 중국시장에 대한 조사도 필요했을 것이고, 당장 필요하진 않더라도 중국경제의 성장 잠재력을 보고 진출을 결정한 조사회사도 당연히 있었을 것이다. 닐슨은 *상하이* 아시아태평양시장 연구회사와 합작으로 SRGSurvey Research Group를 설립하고, 소프레스는 CCTV와 합작으로 CSM央视索福瑞양스 쉬푸루이을 설립하는 등, 본토 회사와의 합작 사업도 활발해졌다.

본토의 민영(사영) 조사회사도 있다. 이러한 본토 민영 조사회사가 수적으로는 가장 많다. *링뎬* 零点, *따정* 大正 같은 회사가 이들이다. 글로벌 조사회사나 관영 조사기구도 결국 실제 실사를 할 때는 본토 민영 조사회사의 지방 조직이나 지방의 실사 회사에 의뢰해 일임하는 것이 대부분이다. 그러므로 본토 조사회사는 특히 지방 조사 등 실사에 강하다. 또한 정부 또는 지방정부와의 관계(꽌시)를 강점으로 내세우기 때문에 정부 등 공공 조직에 대한 정보도 많고, 이들의 조사 프로젝트도 단독으로 많이 따낸다. 결과적으로 글로벌 조사회사는 조사자와 분석자가 다를 수도 있지만, 본토 민영 조사회사는 조사자와 분석자가 일치하는 경우가 많을 수밖에 없다. 만약 한국 기업이 본토 민영 조사회사에 조사를 의뢰한다면 조사 분석자를 잘 선정해야 한다. 분석자의 역량이 조사의 품질을 좌우하기 때문이다.

이 밖에 대학교수들이 일하는 학술형 조사기구도 있다. 중국전매(커뮤니케이션과 미디어)대학의 IMI 创研市场信息研究所/ 촹옌 스창 신시 옌지우쒀는 1996년부터 주요 21개 지역의 소비 행위, 생활 형태, 매체 접촉 등을 연례적으로 트래킹 조사해 《소비자 행위와 생활 형태 연감消费者行为与生活形态年鉴 샤오페이저 싱웨이 위 셩훠 싱타이 녠 젠》을 발행하고 있고, 인민 대학 등 다른 대학들도 조사 프로젝트를 한다고 한다.

Nielson이나 Sino모니터新生代신셩따이 같은 조사회사들이 소비자 행위에 관한 정량定量적인 조사나 정성定性적인 조사를 수행하는 외에, 덴츠电通덴퉁나 오길비 앤드 매더Ogilvy & Mather, 奥美 아오메이 같은 광고회사도 정성적 조사 위주의 소비자 조사를 해서 소비자 선호도偏好 펜하오 같은 결과물을 추출해낸다.

매체 시청률, 청취율, 열독률 등의 조사는 CCTV와 소프레스 합작사인 CSM, SMRSelection Market Research Group/ 赛立信 싸이리신, 닐슨, 신셩따이新生代의 CMMS 등이 수행하고 있다.

증가하는 디지털 분석

소비자를 둘러싼 매체의 환경이 디지털로 급속하게 바뀌면서 시장조사도 많이 달라졌다. 먼저 소비자 조사의 실사를 온라인이나 모바일로 하는 경우가 많아졌다. 과거 실사는 방문 조사나 가두 조사 위주였는데 이것이 바뀐 것이다. 또 다른 아주 큰 변화는 디지털 매체에 대한 소비자의 접촉 양태를 조사 분석Analysis하는 수요가 많아졌고, 이러한 수요에 대응하는 공급도 점차 늘어나고 있다는 점이다.

우선 가장 기본적인 인터넷 사용 현황, 사이트 방문 현황, 사이트 및 광고 분석 등을 수행하는 차이나 랭크Chinarank가 있다. 차이나 랭크는 중국인터넷협회가 주관하고, 국무원의 신문판공실, 공업정보화부 등 정부도 관여하는 프로그램이다. 닐슨도 여기에 참여하고 있다.

이 밖에도 네티즌 조사를 하는 아이루이艾瑞 Iresearch, 광고 분석을 하는 먀오쩐秒针, 핀요우 후둥品有互动 같은 곳이 있다. 중국에서는 타오바오 같은 인터넷 쇼핑을 하고 나서 로그아웃 후에도 연관 광고가 디스플레이되는 것을 종종 볼 수 있다. 이는 중국에서 쿠키 분석 관련 규제가 확실하지 않음을 보여주는 것이라 할 수 있다. 소셜 미디어SNS 분석을 중심으로 서비스를 제공하는 곳도 찾아볼 수 있다. 그런데 SNS 기업들이 소셜 미디어를 분석하는 업체들을 제한하려는 모습이 계속 나타나고 있다. 그동안은 소셜 미디어 분석 서비스 업체들이 API 등을 통해 SNS상의 유저 활동 자료를 수집해왔지만, SNS 기업들 역시 자신들의 정보를 직접 가공해서 기존 광고주 또는 잠재적 광고주와 거래하고 싶은 의도가 있기 때문이다. 한편으로는 정부 당국이 SNS 기업이 고객정보 및 고객활동 데이터를 유출한다고 간주할 수도 있기에, SNS 기업의 입장에서는 소셜 미디어 분석 서비스 업체와 거리를 두려는 것이 당연할 수도 있다.

어찌 되었건 마케팅적으로 갈수록 중요해지고 있는 SNS 웨이보나 모바일 인스턴트 메신저 웨이신 등에 대한 소셜 미디어 분석의 수요는 늘어날 수밖에 없다. 소셜 미디어 분석 업체가 접근 가능한 웹을 통해 정보수집을 하는 등 다른 방법을 동원해 서비스를 계속하는 사이에, '중국 당국의 규제 관리'와 'SNS 기업의 자체적인 마케팅 분석 서비스'라는 세 가지 방향이 서로 균형점을 찾아가게 될 것이다.

몇 해 전 마케팅의 혁신을 불러일으켰던 데이터베이스 마케팅数据库营销 슈쥐큐 잉사오과 고객 관계Relationship 마케팅은, 이제 디지털 혁명의 시대를 맞이하여 이른바 '빅데이터Big Data/ 大数据库 따 슈쥐큐 분석'이라고 하는 망망대해를 앞에 두고 있다. 이짠푸亿赞普 같은 경우는 중국 빅데이터 분석에 도전하는 곳 중 하나다. 앞으로 빅데이터 분석을 응용한 시장 자원 관리Market Resources Management나 데이터 마이닝Data Mining, 마이크로 타기팅Micro Targeting 같은 분야로의 발전이 기대되는 부분이다.

디지털 매체 관련 조사가 중요해지다 보니 부작용도 생겨났다. SNS나 블로그 등에서 거짓, 조작으로 반응하는 사람들이 생겨난 것이다. 디지털 매체의 주요 목표가 확산Diffusion, 특히 영향력 있는 사람

Influencer의 확보이기에 거짓으로 평판을 조작하는 일이다. 상하이에서 성업 중인 한 패션업체가 이런 일로 물의를 일으키기도 했다. 이런 사건이 발생할 때 외국계 기업이 개입되면 중국 당국, 언론 매체, 소비자의 시선은 더 따갑다. 중국에 진출한 한국 등 외국계 기업이 항상 염두에 두어야 할 대목이다.

중국의 대중매체

과거에는 특정 시장에 진출하여 마케팅을 하려면 무조건 대중매체 광고를 해야만 했던 시절이 있었다. 과거라고 해봐야 불과 금세기 초다. 마케팅의 기본이 대중매스 마케팅이었던 까닭이다. 대중 마케팅을 할 때 주로 사용하는 매체를 'ATL 매체Above the Line Media / 线上媒体셴상 메이티'라고 한다.

당시에는 자사의 목표 고객군이나 목표 시장이 소규모여도 대중 마케팅을 하는 것이 합리적이었다. 자사의 목표 고객군이 좋아하고 시청하는 TV 프로그램, 듣는 라디오 방송과 특정 시간대뿐 아니라, 즐겨 보는 잡지와 신문을 연구했다. 심지어 소비자가 매체를 볼 때 움직이는 동공의 각도와 순서까지도 분석해내고, 어떤 매체를 통해 브랜드를 먼저 접하게 하고 어떤 매체를 통해서는 브랜드를 반복 노출하는 것이 효과적인지, 같은 광고는 몇 번을 노출해야 효율적인지 등을 과학화하는 것이 마케팅의 역할이었다. 이렇게 시장을 명확히 세분화하고, 목표 소비자에게 도달할 수 있는 매체를 최적화한 후에야 마케팅 예산안은 비로소 시작되었다. 여기에 자사의 매출액과 영업이익 대비 마케팅 예산 비율이라든지, 전년도의 마케팅 예산액이라든지, 경쟁사의 마케팅 투자액이라든지 하는 요인들을 감안해 도출했다.

하지만 이제 마케팅의 논리는 소비자의 매체 접촉 실태가 변화하기 시작하면서 하루가 다르게 바뀌고 있다. 그렇다면 중국시장과 중국 소비자는 어떤가? 전체적으로 봤을 때 글로벌의 큰 흐름에서 크게 벗어나지 않는 것만은 틀림없다. 그럼에도 다른 나라 시장에 비해, 중국에서 텔레비전 매체의 마케팅 효율은 상대적으로 높다. CPM 분석을 보면 이를 알 수 있다. CPM은 'Cost Per Mille' 또는 'Cost Per Thousand'의 약자로, 목표 소비자 1,000명에게 메시지를 도달시킬 때 드는 비용이다. 이 CPM 비교를 통해 중국 내에서의 마케팅 도구 중 텔레비전이 효율적인지, 검색 엔진 최적화Search Engine Optimization가 효율적인지, 아니면 중국 지역 마케팅 비용이 싼지, 유럽 지역 마케팅 비용이 싼지 등을 알 수 있다. 물론 매체 특성에 따라 광고 제작물이 달라지므로 마케팅 메시지의 질적 비교 가중치는 감안해야 할 것이다.

CPM 이외에도, 매체 자체가 전 국민을 상대로 얼마나 널리 보급되어 있는지 알 수 있는 침투율Penetration, 목표로 하는 시장과 소비자에게 얼마나 접촉되었는지 알 수 있는 도달률Reach, 목표 소비자가 몇 번 접촉했나 알 수 있는 빈도Frequency, 그리고 1%의 목표 시장에 도달할 때 드는 비용인 'CPRPCost Per Gross Rating Point' 또는 'CPTRPCost

Per Target Rating Point' 등의 개념은 마케팅에서 당연히 기초로 삼아야 할 기본 개념들이고, 이에 수반된 응용적 개념 또한 무궁무진하다. 이러한 분석을 했을 것으로 믿어지는 화장품과 생활용품, 식품과 음료, 외식, 주류, 자동차 등의 업종이 중국 텔레비전 매체 광고의 주요 광고주들이다.

중국의 텔레비전 매체

이제 중국의 텔레비전电视덴스 매체를 좀 더 자세히 살펴보자. 중국은 아주 넓은 땅이고, 도시에서 농촌까지 전 중국인이 볼 수 있는 대표적인 매체는 '중국중앙텔레비전CCTV'이다. 우리가 중국시장에 대해 얘기하면서 정말 입버릇처럼 흔히 하는 말이 있다. 14억 인구에게 이쑤시개 1개씩만 팔아도 14억 개를 판다는 류의 얘기다. 만일 중국에 진출한 기업이 중국 전역에 마케팅을 하겠다고 다짐을 했다면 CCTV처럼 전국을 권역으로 한 매체에 광고를 해야 할 것이다. 전국 권역의 방송 채널을 살펴보면 CCTV의 각 채널, 그리고 각 성과 직할시에서 대표로 1개씩 전국에 위성을 통해 방송되는 전국 채널이 있다.

CCTV 1 채널은 종합综合쭝허 채널이다. 뉴스, 드라마, 교양 등 종합 편성이라고 할 수 있다. CCTV 2 채널은 재경财经차이징 채널이다. 경제, 재테크, 소비자 고발 같은 내용이 방송된다. CCTV 3 채널은 종합예술综艺쭝이 채널로, 음악, 코미디, 쇼와 예능을 다룬다. CCTV 4 채널은 중국어로 국내외에 방송되는 중문 국제中文国际중원 궈지 채널이다.

우리나라에서도 볼 수 있다. CCTV 5 채널은 스포츠가 방송되는 체육体育 티위 채널이다. CCTV 6 채널은 영화电影 뎬잉 전용 채널이다. CCTV 7 채널은 군사 및 농업军事与农业 쥔스 위 눙예 채널이다. CCTV 8 채널은 드라마电视剧 뎬스쥐가 방송되는 채널이다. CCTV 9 채널은 다큐멘터리가 방송되는 기록记录 지루 채널이다. CCTV 10 채널은 과학기술 및 교육 관련 내용과 다큐멘터리를 볼 수 있는 과교科教, 커자오 즉 과학교육 채널이다. CCTV 11 채널이 희곡戏曲 시취 채널인데 아주 독특하다. 중국 고래의 전통 예술인 월극越剧 위에쥐과 경극京剧 징쥐을 감상할 수 있다. CCTV 12 채널은 사회와 법社会与法 셔후이 위 파 채널이다. CCTV 13 채널은 뉴스 전용의 신문新闻 신원 채널이다. CCTV 14 채널은 어린이少儿 샤오얼 채널이다. 이 밖에도 CCTV 음악音乐 인위에 채널과 CCTV 영어 뉴스 채널이 있다. 해외에서 CCTV는 중문 국제, 영어 뉴스 채널 이외에도 러시아어, 아랍어, 에스파냐어 방송 등을 내보내고 있다.

중국에서 텔레비전 황금시간대인 프라임 타임은 저녁 7~10시다. 한국에 비해 중국인들의 귀가 시간이 빠르기 때문이다. 그래서 CCTV의 메인 뉴스인 '신문 련파新闻联播 신원 롄보'도 저녁 7시가 본방송이고 저녁 9시에는 다시 한 번 재방송된다. 이 '신문 련파'는 CCTV 종합 채널과 CCTV 뉴스 채널뿐 아니라 웬만한 지역 텔레비전들도 CCTV로부터 저녁 7시에 모두 송출 신호를 받아서 방송해야만 하는 프로그램이므로, 중국에서 가장 대표적인 간판 프로그램이라고 할 수 있다. 그런데 요즘 젊은이들은 '신문 련파'를 거의 안 본다. CCTV조차도 디지털 매체 시대를 맞이하여 퇴조하고 있다는 방증인 셈이다.

　CCTV의 막강한 영향력을 상징했던 프로그램으로는 해마다 구정 전날인 섣달그믐 저녁에 방송되는 '춘절 저녁 방송春节晚会 춘제 완후이'을 들 수 있다. 도시에서 농촌까지 온 국민이 시청한다고 해도 과언이 아닐 만큼 대표적인 프로그램이고, 중국 당국도 국민 통합이나 애국적 메시지 전달에 가장 효과적이라고 판단하고 있으며, 중국의 독특한 정치 및 매체 문화를 상징하는 것으로 이에 대한 중국 내외 학계의 연구 논문도 많다. 예를 들어 자오번샨赵本山 같은 국민적인 만담相声 상성 코미디언이 자기 수하의 제자인 도제徒弟 투디를 키우고자 마음먹고 '춘제 완후이'에 한 번 출연시키면 곧바로 전국적인 유명 코미디언으로 뜰 만큼 대단한 영향력을 뽐냈다. 이렇게 코미디 소품小品 샤오핀과 노래, 군무 등으로 이루어져 온 국민의 사랑을 받았던 '춘제 완후이'도 이제 15세 이상 성인 시청률收视率 쇼우스뤼이 25%를 지나 그 이하로 떨어지고 있다. 그래도 시청률 25%라면 엄청난 숫자다. 중국에서는 성인 시청률 3%만 넘어도 전국적인 프로그램이기 때문이다. CCTV의 웬만한 평시 간판급 프로그램도 5%를 넘기 힘들다.

　CCTV '춘제 완후이'의 압도적이던 시청률은 떨어지고 있지만, 그렇다고 해서 CCTV의 사회적인 영향력이 사라진 것은 아니다. 오히려 시청률 외의 변수로 그 영향력은 여전히 막강하다고 볼 수 있다. 예를 들어 3월 15일 소비자의 날 저녁에 CCTV 종합 채널과 CCTV 재경 채널로 동시에 방송되는 특집 방송이 외국계 기업과 본토 기업에 끼치는 영향력은 상상을 초월한다. 이 고발성 프로그램에 타깃으로 지목되는 기업은 엄청난 대가를 치를 각오를 해야 한다.

한편에서는 지속적으로 어떤 시상, 랭킹류의 이벤트를 만들어내고 있다. 예를 들어 CCTV 재경 채널의 '올해의 중국 자동차 대상中国汽车年度盛典 중궈 치처 녠두 셩뎬/Car of the Year' 같은 행사를 무시할 수 있는 간 큰 자동차 기업은 그리 많지 않다. 그렇기 때문에 매해 연말이면 CCTV가 진행하는 차기 연도 광고 패키지 경매는 많은 기업들에게 고민거리가 된다. CCTV의 영향력과 마케팅 매체로서의 냉정한 평가 기준 사이에서 줄타기를 해야 하는 셈이다. 이 경매가 시작된 지 10년 만인 2004년에 외국계 기업 최초로 P&G가 경매 최고액을 써낸 표왕이 되었다. 사람들은 서양 회사가 표왕이 되었다고 해서 양표왕洋标王이라고 불렀다.

CCTV 이외에도 전국을 방송 권역으로 하는 위성 텔레비전 방송사들은 다음과 같다. 안후이安徽위성, 베이징北京위성, 충칭重庆위성, 푸젠동남福建东南위성, 깐쑤甘肃위성, 광둥广东위성, 광시广西위성, 꾸이저우贵州위성, 하이난여행海南旅游위성, 허베이河北위성, 허난河南위성, 헤이룽쟝黑龙江위성, 후베이湖北위성, 후난湖南위성, 네이멍구内蒙古위성, 쟝쑤江苏위성, 쟝시江西위성, 지린吉林위성, 랴오닝辽宁위성, 산시陕西위성, 산시山西위성, 샨둥山东위성, 상하이동방上海东方위성, 쓰촨四川위성, 톈진天津위성, 윈난云南위성, 저쟝浙江위성이다. 이 채널들 중 전국 시청자들에게 인기 있는 방송국은 후난湖南위성, 쟝쑤江苏위성, 저장浙江위성, 안후이安徽위성, 상하이동방上海东方위성 같은 곳들이다. 이들 방송사는 전국 15세 이상 성인 시청률 1%를 돌파하는 인기 프로그램들을 보유하고 있다.

이러한 전국 권역의 방송 이외에 각 지역 시청자들은 자기의 성省또는 직할시에서만 방송되는 채널과 자기가 살고 있는 시 또는 구에서만 방송되는 채널을 볼 수 있다. 이런 채널들 역시 종합 편성, 뉴스, 드라마, 스포츠, 연예 오락, 여행, 다큐멘터리 등 다양한 채널들로 이루어져 있다. 좀 더 효율적인 타기팅이나 지역 세분화 마케팅 위주의 전략적인 접근이 필요한 기업들은 이렇게 다양한 채널들과 프로그램들의 과학적 배합에 세심한 주의를 기울여야한다. 그래서 이것을 미디어 믹스Media Mix와 비클 믹스Vehicle Mix라고 부르는 것이다.

신문, 잡지, 라디오

신문报纸 빠오즈은 전통적으로 중국에서 정치적으로 중요한 역할을 담당해왔다. 주로 중앙인 베이징과 각 지역의 기관보机关报 지꽌빠오를 중심으로 한 국영 매체들이 포진하고 있다. 그리고 각 지역에서 생겨난 신문들은 도시보都市报두스빠오라고 부른다. 도시보 중 개혁적인 성향을 보이는 신문도 간혹 중국인들의 관심을 끌기도 한다. 그런데 중국의 인구수를 감안하자면 각 신문의 발행 부수는 그렇게 많지 않다. 발행 부수 100만 부를 넘는 매체는 손꼽을 정도이고 열독률阅读率위에두뤼도 낮다. 그러므로 중국에서 마케팅 매체로서 갖는 신문의 가치는 그렇게 효율적이라고 평가하기는 어렵다. 신문을 마케팅 매체로 활용하는 대표적인 업종은 부동산, 건강식품, 전자제품 유통, 가구 유통, 도서류 등이다.

중국의 대표적인 통신사인 신화통신사는 국무원 직속 기관이기에 경영상 압박을 받을 일이 거의 없지만, 〈인민일보〉 등 주요 기관보를 제외한 다수의 기관보와 도시보들은 디지털 미디어 시대를 맞아 경영난을 겪으며 손익의 압박을 받고 있다. 더구나 중국에서는 한국의 종편처럼 신문과 방송의 겸업이 불가능하기에 다른 방도를 찾아야 한다. 예를 들어 상하이의 주요 기관보인 〈해방일보〉 같은 경우에도 경영난 해결을 위해 사업 다각화에 나서고 있다. 주로 지하철 무가지 발행과 지역 커뮤니티 신문 발간 등이다.

중국의 잡지는 디지털 매체 시대를 맞이하여 더욱 세분화되는 추세로 가고 있다. 여성을 타깃으로 한 잡지가 많이 있지만, 패션, 미용, 가정, 육아 등으로 더욱 세분화한 잡지들도 나오고 있다. 이 밖에 쇼핑, 인테리어와 가구, 여행, 연예, 영화, 경제와 재테크, IT, 자동차, 스포츠, 몸 만들기, 축구, 농구, 미국 NBA 프로농구 등 다양한 잡지들이 있고, 항공사 기내지도 중상위 계층 소비자를 노리는 광고주들이 선택하는 매체다. 화장품, 명품 브랜드, 자동차 회사들이 중국 잡지 매체의 주요 광고주들이다.

라디오는 중국의 자동차 수가 계속 늘어나면서 마케팅 매체로서의 가치가 유지되는 모습이다. 출퇴근 시간대의 운전자를 대상으로 하는 프로그램이 청취율이 높고, 교통정보 전문 방송국이나 음악 전문 방송국도 인기가 있다. 보험회사가 주요 광고주다. 미국의 소리VOA 처럼 전 세계를 대상으로 한 중국어 방송全球华语广播网 췐치우 화위 광뽀왕도 있다.

중국의 디지털 매체와
마케팅

다른 나라들과 마찬가지로 중국에서도 디지털 매체의 성장 속도는 아주 빠르다. 마케팅 도구로서 디지털 매체의 위상도 하루가 다르게 바뀌고 있다. 중국에서 타의 추종을 불허할 정도로 압도적인 광고 매체였던 CCTV의 광고 매출액을 검색엔진搜索引擎쏘우쒀 인칭인 바이두百度 baidu.com/나스닥BIDU가 넘어섰다. 글로벌 시장에는 구글이 있고, 한국에 네이버가 있고, 러시아에 얀덱스가 있다면 중국에는 *바이두*가 있다.

오늘날 디지털 매체들은 검색 엔진, SNS, 인스턴트 메신저, 무료 이메일, 동영상 공유 서비스 등 다양한 사업을 보유하고 있지만, 사실 마케팅 도구로 가장 확실히 검증된 디지털 매체는 검색엔진이라고 할 수 있다. 키워드关键字 꽌젠쯔 광고, SEO라고 불리는 검색엔진 최적화 Search Engine Optimization가 그 토대인데, 중국에서도 검색엔진 선두 기업인 *바이두*가 검색 광고시장에서 독과점적인 위치를 차지하고 있다. 구글이 중국 당국의 검열에 문제를 제기하고 완전 철수를 선언했다가 2010년에 서버를 홍콩으로 옮기는 절충안을 택하는 와중에 *바이두*가 완전히 중국시장 선두를 굳혔다.

*바이두*는 구글의 광고전략을 상당 부분 벤치마킹하고 있다. 구글이 광고주와 온라인 광고매체 사이의 광고 네트워크를 알고리즘화해서 각각 애드워즈AdWords와 애드센스AdSense라는 서비스로 출시했듯이, *바이두*도 왕멍 투이광网盟推广이라는 광고 네트워크 매칭 서비스를 하고 있다. 이것은 *바이두* 연맹百度联盟 바이두 롄멍을 중심으로, *바이두* 프로모션百度推广 바이두 투이광, 광고 관리자广告管家 광까오 꽌쟈 서비스를 구조화한 것이다.

*바이두*를 보면 지도地图 띠투 서비스, 네이버의 지식인 같은 쯔다오知道('알다'라는 뜻) 서비스, 동영상 공유 서비스 *아이치이*爱奇艺, 번역百度翻译 바이두 판이, 여행百度旅游 바이두 뤼여우, 부동산百度房产 바이두 팡찬, 페이먼트百付宝 바이푸바오 서비스, 클라우드百度云 바이두 윈 서비스, 모바일 검색移动搜索 이둥 쏘우쒀, 휴대전화 지도百度手机地图 바이두 쇼우지 띠투 같은 다양한 서비스가 있다. 검색 이용자를 기반으로 무한 다각화를 하고 있는 모습이다. 자본력을 바탕으로 떠오르는 버티컬 사이트들이나 앱도 인수·합병하고 있다.

그렇지만 중국 디지털 세상을 *바이두*가 독점하던 시대도 이제 지났다. 중국에서 모바일 사용자가 늘어나면서 기존 온라인에서 강점을 나타냈던 *바이두*의 시장 장악력은 떨어지고 있다. 중국 디지털 매체의 또 다른 강자인 텅쉰腾讯qq.com, 텐센트Tencent이 모바일 인스턴트 메신저로 치고 나오면서 *바이두*는 모바일 인터페이스를 더욱 강화해야 하는 상황이다. 바야흐로 크로스 플랫폼 시대로 가고 있기 때문이다. 아무튼 *바이두*는 과거 독주 시대에 비해서 매출액 성장률이 낮아졌고, 주가와 시가총액도 영향을 받은 상태다.

포털

디지털 매체를 논하면서 포털 사이트Portal Site/ 门户网站 먼후 왕짠에 대한 이야기를 하지 않을 수 없다. 한창 디지털 매체가 부상하던 초창기에는 포털의 정체성을 언급하는 운영자가 상당히 많았다. 알다시피 포털은 인터넷 이용자가 접속할 때 관문으로 사용하는 사이트를 뜻한다. 모바일 세상에서 론처Launcher의 역할과 관련지어 생각할 수 있을 것이다.

과거에는 온라인 매체의 출발점이나 사업의 주안점이 무엇이든, 그러니까 검색엔진이든 무료 이메일이든 뉴스 서비스든 거의 대부분이 포털을 지향한다고 주장했다. 포털을 언급하지 않으면 왠지 디지털 사업자 중에서 마이너 리그로 강등될 것 같은 분위기가 지배적이었을 것이다. 중국의 *쏘우후*搜狐 sohu.com/ 소후도 그랬다. 사실 1998년 검색엔진으로 일찌감치 창업해 비교적 잘나가던 *쏘우후*는 돌연 *쏘우꺼우*搜狗

sogou.com/소고우라는 검색 하위 브랜드를 내놓고, 쏘우후 자신은 포털로 인정해달라고 이용자들에게 포지셔닝을 강요하는 모습을 보였다. 그렇지만 작위적이고 복잡한 브랜드 구조Brand Architecture에 오히려 인터넷 이용자들은 혼란만 느끼게 되었다.

오늘날 디지털 마케팅에서 포털 사이트는 이제 얼마만큼 이용자의 '시간을 점유'하는가의 경쟁으로 진입하고 있다. 뉴스 서비스도 이용자 시간 점유의 중요한 경쟁 요소 중 하나라고 한다면, 중국에서 신화왕新华网xinhuanet.com / news.cn 신화넷의 위상은 높은 편이다. 관영 신화통신사의 인터넷 사이트로 시작해 2000년에 신화왕으로 개명했으며 지금은 중국어, 영어, 프랑스어, 에스파냐어, 러시아어, 아랍어, 일본어의 7가지 언어로 뉴스를 볼 수 있는 사이트다.

소셜 미디어

중국에서 검색엔진과 함께 마케팅 매체로 유용한 것은 소셜 미디어SNS, 社交媒体 셔쟈오 메이티다. 소셜 미디어 중에서 가장 영향력 있는 매체를 꼽자면 단연 웨이보다. 웨이보는 '마이크로微 웨이'와 '블로그博客 보커'의 합성어인데, 트위터와 비슷하다고 생각하면 된다. 1998년에 포털 사이트로 출발한 신랑新浪sina.com.cn / 시나 / 나스닥SINA이 2009년에 선보인 신랑 웨이보微博weibo.com의 이용자가 가장 많다. 시나Sina 브랜드는 중국을 대표하는 인터넷이 되겠다는 의지의 표현으로, 중국을 뜻하는 라틴어 Sino에서 왔다. 신랑 웨이보 이외에 텅쉰 웨이보

t.qq.com도 있다.

중국 당국의 관점에서 보자면 *웨이보*는 동전의 양면이다. 한쪽 측면에서는 사회불안 요인이다. 공직자의 부패와 추문 폭로, 체제 비판, 사회적 약자들의 불만, 서방세계에 대한 미화와 선망, *웨이보*를 이용한 불건전하거나 불법적인 거래와 상행위 등 체제 안정을 저해하는 요인들로 가득하다. 다른 측면에서 보면, 언론의 자유에 갈증을 느끼는 중국인들이 그나마 카타르시스를 분출할 수 있는 통로가 되고 있다. 예를 들어 공직자의 부패에 대한 폭로는 중국 당국이 용인하는 수준까지 허용함으로써 오히려 부수적으로 중·하위직 부패 사정의 효과까지 거두고 있다. 그렇지만 용인되지 않는 수준의 고위직에 대한 공격은 차단된다는 불만이 제기되고 있다.

*웨이보*가 보여주는 긍정적인 효과의 다른 사례는 사회적인 미담의 전파와 선행의 확산이다. 예를 들어 *허난성 정저우*의 한 국숫집 주인이 매우 아파서 입원하자 아내가 세 살짜리 아이를 들쳐업고 국수를 팔아 병원비를 마련한다는 소식이 *웨이보*의 빅마우스Big Mouth를 통해 전해진 뒤, 그 국숫집이 인산인해를 이루어 엄청난 매출을 올렸다는 등의 이야기다.

*웨이보*가 마케팅 매체로 유용한지의 검증도 어느 정도 이루어진 상황이다. 대부분의 글로벌 브랜드들이 *웨이보* 계정을 개설해 메시지를 발신하고 리트윗轉發 좐파과 코멘트評論 핑룬를 받으며, 신제품 정보 안내, 이벤트와 프로모션, 고객의 소리 청취, 랜딩 페이지Landing Page로의 유도,

팔로워, 즉 팬粉丝판쓰의 확대, 특히 영향력 있는 빅마우스 팬Influencer의 확대 등에 나서고 있다. 글로벌 브랜드들뿐 아니라 중국시장을 목표로 중국 소비자와 커뮤니케이션하고자 하는 국제적인 연예인, 중국 관광객을 유치하려는 각국의 관광 기구들, 그리고 중국 본토 브랜드들도 웨이보 마케팅을 하고 있다. 중국정부 각 부처, 지방정부들도 웨이보를 이용해 대국민 홍보와 소통을 시도하고 있다.

2013년 4월 29일에는 중국전자 상거래의 강자인 아리바바 그룹과 신랑 웨이보가 전략적 제휴를 발표했다. 아리바바는 신랑의 지분 18%를 인수함으로써 소위 '피'를 섞었다. 크로스 플랫폼 시대를 맞이하여 중국 디지털 매체의 시장 주도권 장악을 위한 경쟁은 ① 검색 엔진의 강자인 바이두, ② 아리바바 전자 상거래와 신랑 웨이보의 연합, ③ 모바일 인스턴트 메신저 웨이신과 인스턴트 메신저 큐큐를 보유한 신흥 강자 텅쉰 등으로 좁혀지고 있다.

웨이보 이외의 기타 SNS로는 런런왕人人网renren.com/뉴욕 증권거래소 RENN, 카이신왕开心网kaixin001.com 같은 곳들이 있다.

여기서 잠시 위에서 언급한 신흥 강자 텅쉰騰讯qq.com/Tencent 텐센트에 대해 좀 더 살펴보자. 텅쉰은 한국에서는 게임 퍼블리셔 텐센트로 잘 알려져 있는 회사다. 게임 퍼블리싱만 하더라도 초창기에는 어려움을 많이 겪었지만 이제는 주도권을 많이 확보하고 있다. 어찌 되었건 텅쉰의 가장 큰 고객 기반은 IM이라 불리는 인스턴트 메신저

(Instant Messenger / 즉시통신/ 即时通讯 지스 통쉰) 큐큐다. 1999년에 시작된 큐큐 서비스는 중국인들, 특히 젊은이들 사이에서 폭발적인 인기를 얻었다. 그리고 중국인들이 스마트폰을 많이 쓰는 시대적인 흐름을 놓치지 않고 텅쉰이 2011년에 출시한 모바일 인스턴트 메신저移动即时通讯이둥 지스 통쉰 *웨이신*(微信 weixin.qq.com/wx.qq.com/WeChat 위챗)도 대단히 빠른 속도로 확산되었다. 초기에 기반을 이룬 큐큐 고객과 *웨이신* 고객 확대가 맞물려 시너지를 낸 것이다.

*웨이신*을 기반으로 하여 다른 서비스로 응용 범위도 확대해 가고 있다. *웨이신*은 한국의 모바일 인스턴트 메신저 지분도 일부 인수하고 벤치마킹을 했다. 게임 서비스, 지리 정보를 이용한 LBS 마케팅 서비스, 사진 서비스, SNS 서비스 등을 이러한 예로 들 수 있다. 그렇지만 마케팅 매체로서의 *웨이신*의 입지는 '현재 진행형'이다. 먼저 모바일 속성상 제한적인 크기의 화면에 마케팅 메시지가 들어가기에는 한계가 있다. 지인들끼리 네트워킹되는 폐쇄형 SNS의 본원적인 약점이 기업 마케팅에는 제약 요인이 될 수 있다.

모바일

중국에서 모바일 인터넷을 이용하는 고객은 빠른 속도로 확산되고 있다. 과거 스마트폰이 대중화되기 전까지 중국의 고객들은 노트북에 동글dongle을 달아서 이동 인터넷을 사용했다. 이제 스마트폰의 보급으로 이동 인터넷 사용은 보편적인 일상이 되었다. 중국에서 이동전화와 이동 인터넷 서비스를 제공하는 통신사업자는 중국이동통신中国移动 중궈 이둥/China Mobile, 중국연합통신联通 롄퉁/China Unicom, 중국전신中国电信 중궈 뎬신/China Telecom, 이렇게 세 곳이다. 이들도 한국의 캐리어 사업자들처럼 부가 사업으로 이익을 내고 싶어 한다. 그런데 근래에는 통신망 밖에서 이루어지는 와이파이 인터넷 때문에 고객을 망 내에 묶어두기가 어렵다. 또한 이용자가 통신망을 통한 인터넷을 하더라도 모바일 인스턴트 메신저처럼 통신사업자의 이익을 깎아 먹는 서비스들이 많아서 어려움을 겪는다. 중국이동통신의 경우에도 텅쉰의 웨이신에 상응하는 서비스인 *페이신*飞信 등으로 자구책을 찾고 있다.

중국모바일 기기 분야는 안드로이드安卓 안줘 플랫폼을 사용하는 본토 휴대전화 회사들이 비교적 강세를 보이고 있다. 한편 어플리케이션应用程序 잉융 청쉬 장터는 상대적으로 분산되어 있는 상황이다. *잉융후이*应用汇 appchina.com, *완또우쟈*豌豆荚 wandoujia.com, 텅쉰의 *잉융바오*应用宝 android.myapp.com 같은 곳이다. 인기 어플리케이션은 항공 여행과 관련된 *항빤꽌쟈*航班官家, 당일 특가 호텔을 안내하는 *진예 지우뎬 터쟈*今夜酒店特价 등을 필두로 급속히 증가하고 있다.

동영상 공유, 이메일, 버티컬, 빅데이터

동영상 공유网络视频 왕뤄 스핀 서비스로는 요우쿠왕优酷网youku.com과 투도우왕土豆网tudou.com, 바이두의 아이치이爱奇艺iqiyi.com, 워러我乐 56.com, 쿠리우酷6 ku6.com 등을 들 수 있다. 중국에 진출한 외국계 기업들도 이 매체를 활용하고 있다. 바이럴 마케팅病毒营销 삥두 잉샤오을 위해 따로 제작한 영상물을 유포하기도 하고, 다른 비디오 콘텐츠의 스트리밍 전후에 동영상 광고를 내보내기도 한다. 2002년에 모토로 라가 영화 〈영웅〉을 협찬한 것을 활용해 만든 30초 동영상 광고가 처음이었다고 전해지며, 당시 큰 반향을 일으켰다고 한다.

왕이(网易163.com/NetEase넷이즈/나스닥NTES)는 무료 이메일 계정 서비스로 출발해 한때 포털 경쟁에 나선 적이 있다. 왕이는 지금도 무료 이메일 계정 서비스에서 강점을 갖고 있다.

그 밖에 여성, IT, 자동차, 경제와 재테크, 지역, 부동산, 음악 등 다양한 버티컬 사이트들이 존재하므로 세분 시장 마케팅을 희망하는 기업은 관심을 가질 필요가 있을 것이다. 중국 빅데이터의 양은 그 인구만큼이나 실로 어마어마하다고 할 수밖에 없다. 몇백 테라바이트급의 모바일 인터넷, 수십억 개의 검색, 수억 개의 웨이보 메시지, 역시 수억 건의 전자 상거래가 매일 이루어지고 있다. 데이터 마이닝과 디지털 마케팅도 당연히 간과할 수 없는 영역이다. 동시에 디지털 세상의 정보 보안 역시 큰 과제일 수밖에 없다. 기업이 데이터 마이닝으로 목표 고객을 잘 찾아냈다 하더라도 이용자의 허락 없이 함부로 데이터베이스를 활용한 마케팅을 했다가는 크게 낭패를 보게 된다. 그래서 마케팅 대상자의 허락을 전제로 한 퍼미션 마케팅Permission Marketing, 옵트 인 마케팅Opt In Marketing 또는 옵트 아웃 마케팅Opt Out Marketing 이 중국에서도 화두가 되고 있다.

중국에서는 어떤 사이트에 회원 등록하는 것을 '주책注册 주처'이라고 하고, 사이트에 로그인하는 것은 오히려 '등록登录 떵루'이라고 한다. 참고로 디지털 마케팅의 몇 가지 개념을 중국식 용어로 더 소개하자면, 임프레션은 *제추 런츠*接触人次, CTR 즉 Click Through Rate는 *덴진 뤼*点进率, 컨버전율 즉 Conversion Rate는 *좐환뤼*转换率, CPC 즉 Cost Per Click은 *메이뎬지 청뻔*每点击成本 이다.

한편 중국 디지털 매체의 발전은 많은 신흥 스타 기업가들을 탄생시켰는데, *아리바바의 마윈*马云, *텅쉰의 마화텅*马化腾 , *바이두의 리옌 훙*李彦宏, *쏘우후의 장차오양*张朝阳, *TCL의 리둥성*李东生, 그리고 홍콩 재벌 *리카싱의 아들 리쩌카이*李泽楷 같은 이들이다.

진화하는
중국 마케팅

중국 소비자들의 생활양식과 매체 접촉 양태가 바뀜에 따라 마케팅의 방법도 당연히 진화해야 한다. 먼저 대중매스 마케팅에 의존할 수가 없다. 기업의 목표 소비자 집단이 세분화되다 못해 소비자가 파편화되고 있기 때문이다. 소비자가 아침에 눈을 뜨고 잠들 때까지, 그 또는 그녀의 동선을 따라다닐 수밖에 없다. 소비자 주변의 접촉점Touch points을 360도 전방위적으로 분석해 소비자 시간에 대한 브랜드 점유율을 높여야 한다.

개별 소비자와의 터치 포인트

이렇게 소비자와 접촉시간을 늘리는 것을 중국식 용어로 쥔루卷入

를 높인다고 한다. 쥔루를 직역하면 '개입Involvement'이지만, 마케팅적인 의미로는 '접촉시간 증가'라고 풀이할 수 있다.

　소비자와 접촉 시간을 늘리려면 옥내에서의 기본적인 매체 접촉도 중요하지만, 그보다 옥외Out of Home 매체를 잘 이해해야 한다. 먼저 고전적인 의미의 중국 옥외 매체를 알아보자. 문을 나서면 엘리베이터 내부에 평판 디스플레이가 있을 것이다. 중국에서는 2003년부터 '포커스 미디어分众传媒 펀중 촨메이/ 나스닥FMCN'가 이러한 사업을 해왔다. '액자'라는 뜻의 프레임 미디어框架传媒 쾅쟈 촨메이도 있다. 현관문 밖에는 동네 알림판 기능의 커뮤니티 보드가 보인다. 교통 매체Traffic Media도 다양하다. 버스나 택시 정류장에는 쉘터Shelter 매체가 있다. 버스나 택시의 외부 곳곳에도 매체가 있다. 중국의 터치 미디어触动传媒 추둥 촨메이는 택시 내부에서 볼 수 있는 매체다. 지하철 역사에는 라이트 박스나 평판 디스플레이가 있다. 지하철 내·외부에도 평판 디스플레이와 스티커 매체가 붙어 있다. 공항에는 카트와 빌보드Billboard, 캐노피Canopy 등이 있다. 도로 주변의 야립 빌보드나 랜드마크 건물의 옥탑 매체Rooftop Sign도 있다.

　옥외 매체가 진화하면 기업과 소비자와의 상호 소통이 가능해진다. 지하철 역사의 매체에서 상품을 고르고 실시간으로 쇼핑을 한다든지, 옥외 매체를 보고 QR코드와 휴대전화를 활용하여 쌍방향 커뮤니케이션을 하는 방식이다. 많은 기업들이 수시로 소비자의 위치 정보를 활용해 서비스LBS를 하거나 마케팅 메시지를 전달한다.

브랜드를 경험하게 하라

다음으로는 소비자로 하여금 브랜드에 대한 경험을 갖게 하는 것이다. 이때 한 번 경험할 때 인상적이고 호감을 느낄 수 있어야 한다. 이를테면 매장을 방문한 소비자가 제품정보를 쉽게 얻도록 도와주는 디지털 카탈로그나 디지털 전시물Digital Signage이 있을 수 있고, 제품을 실제 사용할 때의 상황을 더 실감나게 느끼게 하는 가상현실Virtual Reality과 증강현실Augmented Reality도 유용하다. 이를 활용하여 의류 매장에서 자신에게 어울리는 아이템을 고른다든지, 가전 또는 가구 매장에서 시뮬레이션을 해보는 방법이 있겠다. 일부 유통 매장 중에는 쇼핑 카트를 감지하는 RFID 주파수 식별Radio Frequency Identification과 무선 인식 등의 장치로 개별 고객에게 특성화된 마케팅 정보를 푸싱하는 곳도 있다. 이제 중국에서도 오프라인에서 제품을 경험·결정하고 온라인에서 구매하는 소비자들이 많아지고 있기에, 중국에 진출한 기업은 오프라인 매장을 단순한 판매 공간이 아니라 경험 제공의 기회로 활용해야 한다. 반대로 온라인에서 경험을 제공하고 오프라인에서 구매를 유도하는 것도 경험 마케팅이다(참고로 사용자 관점의 소비자와 구별 지어서, 구매 시점의 소비자에 대한 마케팅을 특별히 강조하는 것을 '쇼퍼 마케팅'이라고 정의한다).

브랜드 몰입도 높이기

더 나아가면 소비자의 기업과 브랜드에 대한 몰입도Engagement가 높아지는 단계로 발전한다. *잔롄*粘连 을 직역하면 '유착'이라는 말이 되지만, 중국 마케팅의 관점으로는 '브랜드 몰입·관여·참여'의 의미가 된다. 중국에서 QR코드를 2차원 모양의 코드라는 뜻으로 *얼웨이 탸오싱마*二维条形码 또는 *얼웨이마*二维码 라고 부르는데, 소비자와의 소통을 통해 몰입도를 높이려는 기업들이 주로 사용한다. 앞서 가는 기업들은 이미 온오프라인을 넘나들고 있다. 소비자의 구매와 구매 후 상황도 온오프라인을 연결해 한층 입체적으로 제공한다. 운동화만 팔지 않고 그 운동화를 활용해 건강관리 프로그램까지 경험하게 하는 식이다. 소비자의 브랜드 몰입도를 높여 자연스러운 공유와 확산의 단계로 유도하고 있다. 기업은 지금껏 살펴본 전통 매체, 디지털 매체, 소비자 몰입 마케팅의 도구들을 잘 배합해야 한다. 전략적 배합을 위해서는, 투입 예산 대비 산출이 얼마나 효율적Efficient인지 ROI를 비교·분석할 수 있어야 한다. 일관되고 통일적인 집행을 위해 선택해야 하는 두 번째 무기는 전달력이 뛰어난Effective 마케팅 도구다. 소비자에게 즐거움과 의미를 동시에 줄 수 있는 콘텐츠가 중요하다는 얘기다.

중국 당국의 미디어 정책

중국에 진출한 외국계 기업이 파악해야 할 중국 당국의 주요 정책 중 하나가 바로 미디어 정책이다. 첫 번째 기본 정책은 공간적 개념으로, 중국인들이 가급적 자국 내 미디어 환경에 머물게 하는 것이다.

이를 위해 당국은 유튜브, 페이스북, 트위터 등 일부 미디어를 금지했고, 대신 대체 미디어를 허용해 중국인들이 이용하도록 했다.

두 번째 기본 정책은 체제 안정을 위한 미디어의 활용이다. 전통적으로 중국에서는 언론을 당의 도구工具 꿍쥐 또는 목과 혀喉舌 호우셔/대변자라는 뜻로 지칭해왔다. 중국의 매체를 보면 체제의 안정성과 효율성을 기본으로 하고 있다. 외국의 생활상은 부정적인 부분을 좀 더 비중 있게 다룬다. 중동, 서남아시아, 아프리카의 전쟁과 기아, 유럽과 미국의 자연 재난과 총기, 마약 사건 같은 것들이다. 체제가 안정적이지 않고 비효율적일 때 기층 사람들이 가장 먼저 기본적 삶과 안전을 위협받고 고생한다는 것을 보여주고자 하는 실증 사례다.

또 다른 관리대상은 어느 정도 고등교육을 받고, 서방의 문화와 학문을 접해보고, 해외여행 경험도 있고, *웨이보* 등 인터넷에서 개혁적인 목소리를 내는 중산층이다. 이들 역시 경제발전과 체제안정을 동시에 도모해야 하는 당국의 관리 능력을 시험하는 계층이다.

외국계 기업에게 중국시장을 이해하는 중요한 코드 중 하나가 바로 당국이다. 실제 중국에서는 엑스박스Xbox, PSP, 위Wii 같은 게임기의 수입 통관이 안 되었는데, 이 정책이 변화한다는 소식이 들리자 소니의 주가가 급격히 오른 적도 있다. 중요한 점은 외국계 기업이 중국 당국이 시행하는 정책의 이면에 숨겨진 맥락까지 완전히 체득하기 쉽지 않다는 것이다. 시장에서 그 나라 소비자를 대상으로 비즈니스를 하려면 여러 방면의 이해와 준비가 필요함을 일깨우는 대목이다.

거대 광고시장,
중국

1840년 아편전쟁의 결과로 중국의 많은 부분이 바뀌었다. 승전국인 영국을 비롯해 서양 각 나라의 기업들이 중국에 들어왔다. 조계지租界地인 *상하이*를 중심으로 서양식 광고가 나오기 시작했다. 사업수완이 있는 중국인 중에는 회사 이름이나 상품 이름을 서양식으로 짓고 광고를 해서 큰 매출을 올리는 이도 생겨났다. 현대의 *상하이*도 많은 글로벌 기업들이 거점으로 삼고 있는 터라 글로벌 광고회사들이 다수 포진해 있다. 오늘날 중국의 광고시장은 미국, 일본과 함께 세계 3대 광고시장을 형성한다.

사회주의 시기의 중국, 특히 문화혁명 시절에 광고는 자본주의의 부패와 낭비를 상징했다. 그런데 개혁 개방 노선이 공식화되자마자 1979년 초에 *베이징* 시 정부는 문화혁명 시기에 선동적인 대자보를 붙이던 역사적 장소인 서단 민주의 담벼락西单民主墙 시딴 민주창을 *웨탄*月坛 공원으로 옮기고 이 자리를 광고용 공간으로 만들어버렸다. 시장경제 중국으로의 변화를 상징하는 행위였다. 그리고 가장 먼저 *톈진*의 〈천진일보〉에 본토의 치약 광고가 실렸다. 텔레비전에서는 술 광고가 방송되었다.

같은 해 3월 외국 브랜드의 광고가 처음 나왔다. *베이징* 〈공인일보〉에 실린 광고는 일본의 도시바가 중국과 기술 합작을 한다는 내용이었다. 개혁 개방 초기에 일본 기업들이 발 빠르게 중국시장을 선점하려던 때였다. 이어서 일본 세이코시계精工表 징꽁뱌오 광고가 게재되었다. 중국인들은 거부반응을 보였다. 자본주의에 대한 반발, 더군다나 일본 브랜드가 눈앞에 보이자 부정적인 분위기가 팽배했다. 텔레비전에서도 외국 브랜드 광고가 나오기 시작했다. *상하이* 텔레비전에는 스위스 라도시계瑞士雷达表 루이스 레이다뱌오 광고가, CCTV에는 미국 웨스팅하우스威斯汀豪斯 웨이스팅하오스 광고가 방송되었다. 이듬해인 1980년 CCTV에는 콜라와 청바지 광고가 등장했다. 자본주의의 부패와 타락을 상징하는 물건이라며 중국인들의 항의가 빗발쳐 결국 광고는 중단되었다. 1981년에는 CCTV가 일본 시티즌西铁城 시톄청 시계 기술이 세계적이고 신조류라는 내용의 광고를 내보냈다. 중국인들은 또 다시, 이 내용이 사기인 데다 사치를 조장한다고 주장했다. 이들이 당시 내세웠던 구호는 '중국이 서양을 숭상하고 외세에 아첨한다'는 뜻의 숭양미외崇洋媚外 충양 메이와이였다.

중국의 각 지역에 옥외광고도 등장하기 시작했다. *베이징* 서단에는 일본 산요의 옥외광고가, 동단에는 마쓰시타, *베이징* 중심가인 왕푸징에는 소니의 옥외광고가 내걸렸다. 왕푸징의 한 백화점 쇼윈도에는 마쓰시타의 세탁기, 오디오, 텔레비전 사이에서 행복해하는 주부 모습의 마네킹이 등장하기도 했다. 그러자 이 쇼윈도에 '매국주의'라는 글이 나붙고 중국인들이 들고일어났다. 이 사건을 계기로 *베이징* 시 정부는 *베이징* 삼환순환도로 내 도심에는 외국 브랜드의 옥외광고를 하지 못하도록 금지했다. *베이징 서우두* 국제공항에도 일본 상품 옥외광고가 있었는데, 1985년 이후에는 *베이징* 공항, *베이징* 철도역, *베이징*의 주요 도로인 창안제에 외국 기업의 옥외광고를 할 수 없게 되었다. *상하이*의 국제호텔 옥탑 네온 광고는 일본 도시바였다가 중국 본토 브랜드로 교체되었다.

그러던 와중 1983년에 중국광고협회가 창립되었다. *샤먼*厦门 대학교에는 중국 최초로 광고 전공학과가 생겼다. 푸젠성의 *샤먼*은 1842년 난징조약 후 개항한 상하이와 함께 5대 개항지 중 하나로, 중국 내에서도 대외 개방적인 문화가 강한 곳이다. 지금도 *샤먼*의 *구랑위*鼓浪屿 섬은 서양인들이 거주하던 주거 및 업무지역이 관광지로 보존되어 있다. 한편 1985년에 중국광고협회는 광고를 주관하는 당국인 국가 공상행정 관리국의 지도하에 '일본 광고산업 시찰 현황 보고서'를 제출한다. 시장경제를 실현하려면 자본주의의 광고 기능을 조속히 정착시켜야 한다는 당국의 의지였다.

그 후 중국에서 광고는 당국의 지원과 시장경제의 발전에 따라 크게 성장했다. 이제 중국에서 외국 브랜드 광고에 반발하던 세대의 얘기는 옛날 이야기가 되었다. 그 자리를 광고에서 정보를 얻거나 광고 자체를 오락적인 요소로 즐기는 세대가 채워가고 있다. 그렇지만 요즘도 중국 소비자들의 심리를 들여다보면, 간혹 이전 세대에서 전해 온 모습들을 발견하곤 한다. 그러한 모습이 민족주의건 배타적 애국주의건 또는 사회주의건 간에, 분명한 것은 과거와 완전히 단절된 현재란 존재할 수 없다는 사실이다. 그렇기 때문에 현대 중국시장에 진출한 마케터들에게도 과거 중국에 어떤 일들이 있었는지를 대략이나마 들여다보기를 권하고 있다.

중국에서 광고를 할 때도 역시 다른 나라와 마찬가지로 광고 심의를 받아야 한다. 세계적으로 다른 나라 기업의 경우 광고집행 전에 심의가 필요한 사전 심의와 그와 반대인 사후 심의로 나뉘는데, 중국에서는 사전 심의제를 택하고 있다. 기본적으로는 중국광고협회의 심의가 필요하고 CCTV에도 자체 심의 기능이 있다. 의약품이나 화장품 광고를 하려면 업종별 협회에서 별도 심의를 받아야 한다.

중국의 광고회사

개혁 개방 이후 중국 최초의 광고회사는 1979년 1월 설립된 *상하이* 광고공사다. 뒤를 이어 *베이징* 광고공사, CCTV의 광고 부서, 광둥성 광고공사 등 본토 광고회사들이 속속 생겨났다.

그렇지만 진정한 의미의 전면 광고 대행사, 그러니까 단순 광고 제작 이외에 전반적인 마케팅과 브랜드 관련 업무까지 하는 광고회사가 등장한 것은, 일본과 유럽과 미국 등의 광고회사들이 진입하면서부터라고 할 수 있겠다. 중국에서는 이러한 전면 광고 대행사를 '*취앤몐 광까오 따이리 후우 꽁스*全面广告代理服務公司'라고 부른다.

가장 먼저 중국시장과 접촉을 시도한 것은 일본의 덴츠电通덴퉁였다. 덴츠는 1979년 4월에 *상하이*를 방문해서 시장을 파악했다. 구미 광고회사 중에서는 사치 앤드 사치Saatchi & Saatchi가 1984년에 중국시장을 찾았다. 그리고 1985년에는 중국 국제 광고공사가 설립되어 중외 합작의 준비를 시작한다. 같은 해에 오길비 앤드 매더는 홍콩에 *아오메이*奧美광고공사를 세워 중국 업무까지 담당하게 했다.

1986년에 중국 최초의 중외 합자 광고회사가 생겼다. 일본 덴츠와 미국 영 앤드 루비콤扬罗必凯양 뤄삐카이 합동 지분율이 70%, 중국 국제 광고공사가 10%, 뉴욕 중국 무역센터가 20%씩 지분을 나눈 *덴양*电扬 광고공사다. 당시에는 중국 법제상 외국계 투자에 엄연한 상한선이 있었지만, 중국 당국은 조속히 광고 업무를 습득하기 위해 예외적으로 이러한 지분 구조를 허용했다. 그리고 당국은 1991년에 다시 한번, *덴양* 외에 예외는 없다고 강조하는 규정을 발표한다. 그 내용을 보면, 중외 합자·합작 광고회사는 중국 본토 광고주를 대행해서는 안 되고 오로지 외국계 광고주 기업만 대행해야 함, 중국 본토 광고주를 놓고 본토 광고회사와 경쟁해서는 안 됨, 중외 합자·합작 광고회사의 중국 측 제휴선에게 광고 기획과 제작의 수준을 높여주는 조치를 해야 함 등이었다.

그 이후에 설립된 중외 합자·합작 광고회사들을 보면, BBDO와 중국 연합광고 총공사가 설립한 톈롄天联, 오길비 앤드 매더와 상하이 광고가 설립한 *상하이 아오메이*上海奥美, 맥켄 에릭슨과 〈광명일보〉가 설립한 *마이컨*麦肯, 사치 앤드 사치와 중국 항천공업부 산하 중국 장성공업 총공사가 설립한 *셩스 창청*盛世长城, 하바스 산하의 *링즈*哈瓦斯灵智 *하와스 링즈*와 〈광저우일보〉가 설립한 *링즈 따양*灵智大洋, 덴츠와 *베이징광고가 설립한 *베이징 뎬퉁*北京电通 등이 있다. 특히 *마이컨*은 중국 최초로 디즈니의 만화영화 〈미키 마우스米老鼠 미 라오슈〉와 〈도널드 덕唐老鸦 탕 라오야〉이 방송되도록 중개하는 등 활발하게 활약했다.

결국 1996년까지 세계 10대 광고회사가 모두 중국에 진입하게 된다. 2001년에 중국이 WTO에 가입하면서 광고시장이 개방된다. 그렇지만 실질적으로 2004년 3월까지는 합자를 할 때 외국계 지분 70%까지만 투자가 가능했고, 2005년 12월이 되어서야 비로소 외국계 독자의 광고회사 설립이 가능해졌다. 이로써 중국 광고시장에는 국유国有 궈요우, 민영民营 민잉, 합자合资 허쯔, 외자外资 와이쯔 등 4가지 형태의 광고회사들이 모두 모습을 갖추게 되었다.

위에서 언급되지 않은 외국계 광고회사들은 푸블리시스 옴니콤 阳狮奥姆尼康 양스 아오무니캉그룹, 테드 베이츠上海达彼思 상하이 다비스, 린타

스링狮 링스, 제이 월터 톰슨智威汤逊 즈웨이 탕쉰, 티비더블유에이腾迈 텅마이, 아사츠上海旭通 상하이 쉬퉁 등이다.

1992년 이후부터 중국에서는 국가 공상행정 관리총국과 물가당국이 광고 대행 제도를 수립하기 시작했다. 기본적으로 광고주 기업이 커미션佣金 융진 / 代理费 따이리페이제를 선택할 경우에, 중국 본토 광고회사는 총광고비의 10%를 커미션으로 받도록 하고, 외국계 광고회사는 총광고비의 15%를 커미션으로 받도록 했다. 그러나 실제 중국 광고 시장에서는 2~8%의 낮은 커미션이 관행이 되었고, 심지어 광고주에게 리베이트返点 판뎬를 주는 경우도 비일비재해졌다. 광고주 기업은 커미션제 이외에 피Fee, 付费 푸페이 / 服务费 푸우페이제를 선택할 수도 있다. 이 경우에는 정기적으로 피를 지급하는 '리테이너 피제'와 프로젝트项目 샹무에 따라 피를 지불하는 '프로젝트 피제'로 구분된다.

매체 전문 광고회사로는 제니스 옵티 미디어实力媒体 스리 메이티, 제이시 데코德高 더까오 등과 CCTV 산하의 웨이라이 광까오未来广告 같은 곳이 있다.

중국에서 광고회사를 선택할 때 혼동하기 쉬운 개념이 있다. 광고회사가 스스로 우수한 회사라고 주장하면서 흔히 '국제 4AAAAA급 광고회사'라고 선전하는 것이다. 사실 4A라는 말의 어원은 미국 광고대행사협회American Association of Advertising Agencies다. 이 용어가 중국에 들어오면서 국제 4A급 회사라는 말로 변형되어 쓰이게 된 것이다. 2005년에는 중국비즈니스광고협회中国商务广告协会综合代

理专业委员会라는 곳에서 '중국4A급 공인 광고회사The Association of Accredited Advertising Agencies of China'라는 명칭을 만들어내기도 했다.

참고로 중국 국가여행국国家旅游局 궈쟈 뤼여우쥐은 중국의 대표적 명승지를 '국가 5AAAAAA급 여행 관광지国家5A级旅游景区 궈쟈 우에이지 뤼여우 징취'로 선정했다. 물론 4A, 3A도 있다. 중국에서는 이 밖에도 참으로 많은 분야에 5A, 4A라는 표현을 임의로 쓰고 있으니 참고하자.

중국에서 성공하는 광고

1980년대와 1990년대의 중국광고에는 다음과 같은 4가지 내용이 빠짐없이 들어갔다. 첫째는 믿을 수 있는 제품이라는 것, 둘째는 연락할 전화번호, 셋째는 주소, 넷째는 즈량 *싼바오*质量三包 다. 즈량은 '품질'이라는 뜻이고 *싼바오*는 품질에 문제가 있을 때 3가지, 즉 '책임 수리包修 빠오시우, 책임 교환包换 빠오환, 책임 반품包退 빠오투이을 해 준다'는 의미다.

요즘은 중국광고에서 이렇게 즈량 *싼바오*를 대놓고 얘기하지는 않지만, 어쨌든 즈량 *싼바오*는 중화인민공화국 제품품질법中华人民共和国产品质量法 과 중화인민공화국 소비자권익보호법中华人民共和国消费者权益保护法에 명시된 것이기도 하니, 광고하는 기업이라면 기억해야 할 중요한 개념이다.

이것만 봐도 알 수 있듯 중국의 광고는 건조하다고 얘기할 수 있을 정도로 직설적이고 이성적이다. 중국의 소비자도 이러한 직설적인 광고를 좋아한다. 물론 상징적이고 감성적이고 이미지를 추구하는 광고를 선호하는 세대나 계층도 나타나고 있지만, 다른 나라에 비해서는 확실히 직설적인 광고가 우세를 보인다.

그 이유를 생각해보자. 가장 큰 이유는 중국 소비자가 상품이나 서비스를 선택할 때 그 효익Benefit의 근거가 얼마나 논리적인지를 따지기 때문이다. 물론 서양 소비자도 효익을 추구한다. 구미의 마케팅에서도 논리적인 효익의 근거가 필수임을 'USPUnique Selling Proposition독특한 판매 제안'라든지 'RTBReason To Believe' 등을 들며 강조하고 있다. 그런데 중국 소비자의 경우 특히 이러한 성향이 강하다.

두 번째는 중국 기업들의 광고 의도다. 중국에는 유난히 짧은 TV 광고가 많다. 중국 기업들은 브랜드를 외치고 싶어 한다. 10초, 15초 광고에 다른 얘기를 할 틈이 없다. 조금 긴 광고에서도 핵심 효익과 브랜드를 반복하는 회사가 많다.

세 번째는 중국어의 표준어 정책과 자막 때문이다. 중국은 공식적인 자리에서의 사투리를 허용하지 않는다. 중국어 방언은 아예 못 알아들을 정도로 말이 다르다. 소수민족의 언어도 많다. 물론 일부 코미디나 토크쇼는 방언으로 방송되기도 한다. 그러나 대부분은 표준어인 보통화와 간체로 말하고 쓰는 것으로 규정되어 있다. 드라마, 영화, 뉴스 방송에서는 내레이션이 상당 부분 자막과 같이 나온다. 광고 내레이션도 다른 나라에 비해 자막이 많은 편이다. 광고에 자막이 많으면 소비자가 감성적으로 수용하기 어렵다. 한편 중국어의 특성상 세 글자, 네 글자, 다섯 글자, 일곱 글자 등 글자 수를 맞추어 광고 문안을 작성하는 경우가 많다. 중국의 어린이들이 어려서 처음 접하는 《삼자경三字经 싼쯔징》은 《천자문》과 함께 3대 아동 계몽 교재인데, 이것도 세 글자의 연속이다. 글자 수를 맞춘 광고 문안 때문에 더 직설적이고 이성적으로 느껴지는 것이다.

위에 언급한 내용 외의 특성도 몇 가지 더 짚어보자. 역시 가장 중요한 것은 중국적인 요소中国元素 중궈 위엔쑤다. 중국인의 자긍심을 자극한다든지, 중국인이 좋아하는 붉은색과 노란색을 좀 더 사용한다든지, 중국인에게 친근한 문화적 요소를 배치한다든지 하는 것이다. 상징에 대한 이해도 염두에 두어야 한다. 수험생을 대상으로 한 영양제 광고에서 수험생 머리 위에 동그란 띠가 나타난다면 다른 문화권에서는 사망을 연상할 수도 있겠지만, 이곳 광고에서는 지식을 상징하는 것이다.

한편 중국인들은 타인을 많이 의식하기 때문에 과시적인 언어가 광고에 흔히 사용된다. 고귀高贵 까오꾸이, 신분身份 션펀, 존귀尊贵 쭌꾸이, 귀족贵族 꾸이쭈, 황가皇家 황쟈 같은 단어가 부동산이나 선물 광고 이외의 광고에도 등장한다.

또 다른 특징으로는 광고 사용 기간을 들 수 있다. 다른 나라보다는 한 편의 광고가 사용되는 기간이 긴 편이다. 한 편의 광고를 오랫동안

∷ 중국인이 좋아하는 붉은색과 노란색 일색의 매장

볼 때 소비자가 느끼는 지루함을 '웨어아웃'이라고 하는데, 보통은 동일 소비자에게 5~10회, 많아도 15~20회 노출되면 중단하고 교체하는 것이 일반적이다. 그렇지만 중국에서는 2년, 3년에 걸쳐 같은 광고가 방송되는 일도 흔하다.

중국에 진출한 외국계 기업도 연구를 거듭한 끝에 중국 광고의 특성을 많이 수용하고 있다. 특히 중국문화적 요소는 적극 활용하고 있다. 외국계 회사의 중국향向 광고를 보면, 확실히 글로벌 타깃의 광고보다 직설적 내레이션과 자막이 많음을 알 수 있다. 그렇지만 연구를 거듭한 외국계 기업의 광고는 역시 논리와 이미지, 이성과 감성, 글로벌 전략과 로컬 전략, 보편적 아름다움과 중국적인 요소를 조화롭게 취사선택하고 있다.

중국시장에서 외국계 기업이 본토 기업보다 상대적으로 더 성공적인 광고가 많았다고 보지만, 본토 기업 중에서도 시장을 변화시킨 광고 캠페인의 사례를 찾아볼 수 있다. 1998년에 시작되어 일관되게 집행된 생수회사 눙푸샨첸農夫山泉의 포지셔닝은 "눙푸샨첸은 약간 달콤하다農夫山泉有点甜 눙푸산첸 요우뗀 톈."였다. 이 광고전략은 수원지가 우수하고 품질이 좋다는 포지셔닝을 잘 내세운 것이다. 그런데 이 수원지의 물이 세균으로 오염되었다는 보도가 나오고 소비자들이 발칵 뒤집혔다. 마케팅으로 아무리 포장해도 역시 가장 중요한 것은 제품의 본원적 경쟁력임을 웅변하는 사례다.

두 번째로 소개할 본토 브랜드 성공사례는 중국에서 아주 유명한 건강식품 나오바이진脑白金이다. 이 제품에는 멜라토닌과 올리고당 같은 성분이 들어 있다는데, '선물하면 상대편이 좋아하는 물건'으로 포지셔닝했다.

중국에서 예물礼物리우이라고 하면 '선물'이라는 뜻이고, 예품礼品리핀 또는 배례拜礼바이리라고 하면 '방문 시의 간단한 선물'을 의미한다. 예로부터 "예의가 많은 사람은 나무랄 수 없다礼多人不怪리둬런 부꽈이."라고 했던 중국인들인데, 여기서 예의礼리는 선물이라는 의미와 중첩된다. 그만큼 선물이 생활화된 민족이고, 평소에도 중국인들은 적절한 선물을 고르기 위한 고민이 많다.

건강보조식품 *나오바이진*은 '선물 받을 거면 그거야 *나오바이진*

收礼只收脑白金 쇼우리 즈쇼우 *나오바이진*.'이란 광고 슬로건으로 중국 소비자의

심리를 파고들었다. 광고의 형식적인 면에서도 당시로서는 앞서 가는

시도들을 많이 했다. 다큐멘터리나 대담 프로그램의 중간 광고를 선

택해서 신뢰감을 얻으려고 했고, 광고 내용도 광고와 논설조를 섞어

놓은 듯한 기법인 애드버토리얼Advertorial 형식으로 시리즈 광고를

만들었다. 초기 광고에는 브랜드만 노출하고, 나중에 구입 방법을 내

보내는 식이었다. 장사진을 치고 있는 사람들로 배경 화면을 표현해

중국인의 군중심리를 이용했다.

광고가 나가고 이듬해인 2000년의 매출액만 12억 위안을 넘었다고

전한다. 이후 당국인 위생부는 건강식품 관련 법규를 정비하기 시작

했고, 공상관리 총국도 건강식품 마케팅에 대한 규제에 나섰다.

나오바이진 광고는 계속 나온다. 귀에 익은 CM송, 광고음악과 함

께 노부모가 춤을 추는 애니메이션 광고도 있다. 어떻게 보면 참으로

유치한 마케팅이라고 볼 수 있지만 어쨌든 중국인들은 아직도 이 제

품을 선물의 대명사로 인식하고 있다. 중국시장에서 참고해볼 만한

사례다.

중국에서 실패하는 광고.

중국시장에서 중국 소비자의 문화를 잘못 이해한 광고를 내보내서

공든 탑이 무너지고 대형 위기로 이어진 사례는 외국계 기업의 경우만 소개한다. 이 유명한 사례에 등장하는 기업들이 일부러 위기를 자초하려고 이러한 광고를 만들었을 리는 없고, 당연히 성공적인 결과를 기대하며 마케팅을 했을 것이다. 다만 중국시장과 소비자에 대한 이해가 부족했기 때문에 실패했을 뿐이다.

도요타는 RV 프라도霸道 빠따오 인쇄광고를 게재했다. 마침 중국어 브랜드도 횡포한 패도를 연상하도록 지어졌다. 중국철학의 왕도王道 와 패도霸道의 차이를 알았다면 과연 이런 이름을 지었을까? 광고의 시각 효과는 프라도가 지나는 길에 한 마리의 돌사자상이 프라도에게 경례를 하고, 다른 한 마리는 프라도에게 고개 숙여 인사하는 모습이다. 광고 문안은 "너는 존경하지 않을 수 없다你不得不尊敬 니 부더부 쭌징."였다. 중국 소비자들은 중국을 상징하는 돌사자를 이러한 모습으로 형상화한 데 분노했다.

도요타의 또 다른 사륜구동 랜드크루저陆地巡洋舰 루디 쉰양젠 광고도 나왔다. 고산 고원에서 랜드크루저가 녹색의 낡은 트럭을 견인하는 내용이었다. 중국 소비자들은 명백히 국산 트럭처럼 보이는 이 녹색 트럭에 자존심이 상했다. 도요타는 결국 사과 광고를 내보냈다.

일본 페인트 입방칠立邦漆 리빵치은 판룽 화뤼盘龙滑落 라는 광고를 내보냈다. 판룽은 주나라 이후로 중국의 상징이라는 용을 건물 기둥 같은 곳에 표현하는 양식인데 '구불구불 감아 도는 용'이라는 의미이고, 화뤼는 '미끄러져 떨어지다'라는 뜻이다. 광고의 의도는 페인트칠이 완벽해서 판룽마저 낙상했다는 비유였겠지만 중국 소비자들은 들끓었다. 이 페인트 회사가 원래 일본 군국주의 시절 일본군과 관련된 공기업이었다는 소문까지 퍼지면서 상황이 날로 악화되었다. 회사도 유감 성명을 발표했다.

2004년 나이키가 만든 쿵쥐 또우스恐惧斗室 광고는 당시 1억 달러 예산의 글로벌용 광고였다고 한다. 쿵쥐는 '두려워하다'라는 뜻이고, 또우스는 '작은 방'을 뜻한다. 이소룡의 사망 유희를 패러디한 이 광고모델은 NBA의 르브론 제임스였다. 르브론 제임스가 5개의 방을 지나면서 상대편과 대결하는 것이 주요 내용으로, 이 중에서 3개 방의 장면이 중국인을 모독하는 것이라고 중국 소비자들은 주장했다. 한 방에 돌사자 두 마리가 있고 중국인처럼 생긴 노인이 위에서 나타나는데, 르브론 제임스가 물리친다. 다른 한 방에서는 둔황 막고굴의 비천상을 닮은 중국인으로 보이는 여자가 두 팔로 공격을 해오자 르브론 제임스가 부숴버린다. 또 다른 방에서는 농구 백보드에 용 두 마리가 나타나는데 르브론 제임스가 이를 따돌리고 골을 성공시킨다. 문제가 발생하자 나이키는 청소년에게 용기를 불어넣을 의도로 만든 광고라고 해명했지만 소용없었다. 당국인 광전 총국广电总局광뎬 쯩쥐까지 나서서 국가 존엄과 이익을 손상시키고 전통문화를 해쳤다며 광고 중지 명령을 내렸다.

맥도날드의 광고사례를 보자. 중국인 소비자가 맥도날드 사장이나 점장 비슷한 사람의 바지를 붙잡고 꿇어앉아 프로모션 할인 혜택을 더 달라고 "형님大哥따거, 형님." 하며 통사정하는 것이 주된 줄거리다. 광고 뒷부분에서 중국인은 맥도날드 사장이 혜택을 허락하자 이렇게 얘기한다. "다행히 맥도날드는 이 호기를 놓치고 쓰라려하는 내 심정을 헤아려 내게 365일의 혜택을 주었다幸好麦当老了解我错失良机 的心痛给我365天的优惠 싱하오 마이땅라오 랴오제 워춰스 랑지더 신통 게이워 쌘바이라우스우톈더 요우후이." 대사의 내용도 그렇거니와 중국인이 꿇어앉은下跪 샤꾸이 모습이 굴욕적이라는 반응이 대부분이었다. 결국 맥도날드가 사과 성명을 냈지만 미운털이 박혀, 이듬해인 2006년 3월 15일 소비자의 날에 호되게 당하는 빌미가 된다.

대언인과 공익광고

우리나라 광고회사도 유명인 모델을 매우 많이 쓰는 편이지만, 중국에서도 대언인代言人 따이옌런이라 하여 흔히, 또 쉽게 사용하는 광고수법이다. 농구 선수 야오밍姚明 같은 경우는 결과가 좋았다. 2003년에 휴대전화 사업자인 롄통联通 의 대언인을 시작으로, 요즘은 세탁세제 광고에서도 사람 좋은 웃음과 함께 어린이와 어울리는 모델로 나오고 있다.

그렇지만 모델을 잘 기용했는지 아닌지의 여부는 대부분 결과론적으로 판단하는 경우가 많다. 스포츠 선수는 경기 결과나 성적 때문에, 연예인은 스캔들 때문에 해당 브랜드와 모기업의 이미지에까지 악영향을 끼치는 상황이 생기기 마련이다. 대중적인 스타 입장에서도 거꾸로 제품 때문에 이미지가 나빠질 수 있기에 광고 브랜드를 골라서 출연하거나, 광고 내용에 간섭하거나 특정 업종의 광고에는 출연하지 않는 등 자기 관리를 하기도 한다.

그런데 중국시장의 경우는 좀 다르다. 유명 스타가 어울리지 않는 광고에 출연하는 사례가 많다. 대언인이 사전에 충분히 가짜나 사기라고 판단할 수 있는 제품의 광고에도 등장하곤 한다. *거요우*라는 유명 배우는 가짜 상품 사건에 휘말렸고, 한국에서도 유명한 여배우 공리蛮리도 영양제 광고에 나와서 조작된 내용을 연기했다.

한국 기업은 중국에서 한류 스타를 기용하면 상당히 효과가 높을 것으로 지레 판단하는 경우가 많다. 물론 효과가 없다는 것은 아니지만, 한 번 선택한 마케팅 전략은 나중에 궤도 수정을 하기 어렵다는 점도 감안해야 한다. 모델이 전체 마케팅 전략에 끼치는 영향이 지대하며, 모델을 결정하고 마케팅 전략을 끼워 맞추는 것이 아니라, 마케팅 전략을 제대로 세운 후 모델을 기용해야 한다.

중국에서 공익광고의 위상은 높은 편이다. 국가 공상행정 관리총국, 중앙선전부, 중앙 정신문명 건설지도 위원회, 중국 광고협회, CCTV 등 많은 관계 당국이 개입하고 있다. 체제 안정과 국민 계몽에 기여한다는 판단에서다. 공익광고 주제는 엑스포나 올림픽 같은 국가 행사의 선전이나 참여 독려를 비롯해 노부모 봉양, 농민공 자녀 돕기, 가족 사랑, 쓰레기 분리수거, 교통 문화, 절전, 식목, 해외관광 시 공

중도덕 지키기 등 다양하다. CCTV의 *광얼까오즈公益告之* 는 대표적인
공익광고 프로그램이다.

공익광고에 참여하고 싶어 하는 움직임도 많다. 중화권 최고 갑부
인 홍콩 재벌 *리자청李嘉誠 리카싱*은 초창기부터 공익광고를 지원했다.
베이징 올림픽 개막식을 연출하기도 한 *장이모张艺谋*나 *천카이거陈凯歌*
같은 유명 감독들도 공익광고 제작에 나서고 있다. 외국계 기업이 나
라 사랑 캠페인의 스폰서로 참여하기도 했다.

토털 마케팅으로
공략하라

위에서 다루지 않은 또 다른 중국 마케팅 도구들에 대해 알아보자. 먼저 현대 마케팅에서는 토털 마케팅이 대세다. 가용한 방법들을 360도, 전방위적, 다차원적으로 총동원하는 것으로. 최근 흐름이기도 하지만 유용하기도 하다. 통합統合적, 전체全体적, 정합整合적인 마케팅이라는 의미로 홀리스틱Holistic 마케팅이라 할 수도 있겠고, 토털Total 마케팅, 인터그레이티드Integrated 마케팅이라고 부를 수도 있겠다.

PPL

영화나 방송에서 상품을 노출시켜 광고효과를 얻는 간접광고를 PPLProduct Placement이라 한다. PPL은 스폰서십의 일종이다. 스포츠 마케팅은 스포츠 선수, 팀 또는 경기 단체나 대회를 지원하고 그것을 광고에 활용하는 것인데, 스포츠 마케팅도 스폰서십에 포함된다. 중국에서는 스폰서십을 기업이 돈을 내고 상업적으로 협찬한다는 의미로 '찬조贊助짠주'라고 부른다.

중국의 PPL은 한국보다 훨씬 적극적이고 대담하다. 먼저 방송 프로그램의 종류가 다양하다. 드라마, 예능, 토크쇼, 스포츠 중계 이외에 스포츠 뉴스, 시사대담 프로그램, 대형 명절 쇼 등등 거의 제한 없이 활용된다.

다음은 브랜딩의 수위다. 한마디로 말해 대문짝만 하게 나온다. 그리고 타이틀 스폰서 프로그램이 많다. 타이틀 스폰서는 프로그램의 타이틀에 기업이나 브랜드의 이름이 붙는 형식이다. 과거 미국에서 비누회사가 주부 취향의 라디오, 텔레비전 드라마를 스폰서해서 솝오페라라는 용어가 탄생한 이후 이것이 진화되어 타이틀 스폰서가 많아졌고, 일본으로 건너와서는 '아지노모도 드라마'류의 타이틀 스폰서가 유행하던 때가 있었다. 지금 중국이 그렇다. 본토 기업도 많이 참여하고 있고, 외국계 기업 중에서는 P&G가 돋보이게 스폰서십을 하고 있다. P&G의 샴푸 브랜드 리조이스飄柔파오로우는 쟝쑤위성텔레비전의 유명한 짝짓기 프로그램인 〈페이청 우라오非诚勿扰〉에 PPL을 했고, 그 밖에도 상하이동방위성텔레비전의 중국탤런트쇼中国达人秀 중궈따런시오우 같은 다수의 시청률 높은 프로그램을 활용했다.

다른 종류의 스폰서십도 있다. 상하이 엑스포장의 우주선 모양 대형 공연장은 엑스포가 끝난 뒤 '메르세데스 벤츠 아레나'로 명명되어 활용되고 있다. 이 밖에도 박물관이나 전시장 같은 곳에 협찬을 하고 브랜딩하는 방법 등이 있다.

스포츠 마케팅

중국에서 팬이나 시청자 수가 가장 많은 스포츠는 축구다. 그렇다고 축구를 중국에서 스포츠 마케팅의 효과가 가장 높은 종목이라고 섣불리 판단하기는 어렵다. 스포츠 마케팅을 하려는 기업의 목표 시장과 해당 스포츠의 팬층이 맞아떨어져야 하며, 이 팬층이 구매력이 있는지도 관건이다. 중국에서의 스포츠 마케팅에 대해 자세히 알아보기 위해, 스포츠 마케팅 중에서 가장 작은 단위인 선수 개인 스폰서십부터 살펴보자.

선수 개인 스폰서십은 선수와 계약하여 제품을 사용하게 하고, 의류나 용품에 브랜딩을 하며 광고 등에 초상권을 쓰고 판촉행사 같은 곳에 초대하여 홍보하는 방법이다. 미국 NBA에서 활약했던 농구의 야오밍이 대표적이고, 수영의 쑨양孫揚도 그중 한 명이다. 농구야 다른 나라에서도 마케팅에 흔히 활용되지만, 중국에서 유독 선호되는 종목들이 있다. 배드민턴도 중국인들에게 사랑받는 종목 중 하나다. 배드민턴 선수 중 린단林丹은 외모도 호남형이어서 스포츠 의류 및 용품 외에 외국계의 면도기나 음료 기업에도 등장했다. 탁구, 다이빙, 체조는 중국의 대표적인 강세 종목으로 자주 등장하는데, 이들 종목은 선수 개인 보다는 몇 명씩 묶어서 기용하는 편이다. 특출난 성적으로 스타가 되었던 사례는 육상 허들의 *류샹*刘翔이다. 동양인 남자선수로서는 이례적으로 허들 우승을 해서 국민적 영웅이 된 그를 외국계 기업도 많이 선호했다. 테니스의 *리나*李娜도 프랑스 오픈 우승 등으로 유명해졌고, 종목의 특성상 중상류층을 대상으로 한 자동차, 명품 기업들이 썼는데, 나중에는 한 명의 모델을 너무 많은 브랜드가 기용하다 보니 모델과 브랜드가 연상되지 않거나 모델만 떠오르는 폐단이 나타났다.

다음으로는 중국의 각 종목별 마케팅을 알아보자. 축구는 위에서 얘기했다시피 중국에서 팬이 가장 많고, 가장 남성 위주로 구성되어 있다. 자국 리그인 중국축구협회 슈퍼 리그中国足球协会超级联赛 중궈 주치우 셰후이 차오지 롄싸이, CSL에 16개 클럽 팀이 있다. 슈퍼 리그에서 탈락한 팀은 갑급리그甲级联赛쟈지 롄싸이로 강등된다. 리그 외에 이른바 컵 대회도 몇 개 있다. 슈퍼 리그는 부동산, 주류 등 구단들이 투자를 많이 해서 높은 몸값의 세계적인 유명 선수도 데려온다. 각 도시나 성별로 프랜차이즈를 하고 있는데, *따롄 스더*大连 实德, *샨둥 루넝*山东 鲁能, *광저우 헝다*广州 恒大, *베이징 궈안*北京 国安 등이 뛰어난 팀이고, *상하이 선화*上海 申花 같은 팀은 팬이 많다. 중국에서 *치우미*球迷라고 하면 '스포츠 팬'이라는 뜻도 있지만, '치우미는 곧 축구 팬'이라는 등식이 성립할 만큼 광팬이 많은 것이 중국 축구다. 이렇게 하나의 클럽 팀에 스폰서십을 할 수 있다.

스포츠 마케팅에서 스폰서십을 했을 때의 권리들을 프로퍼티Property 라고 한다. 팀 스폰서십의 프로퍼티는 계약 내용에 따라 다양해질 수 있지만, 그중 백미는 유니폼 한가운데에 브랜드 이름을 새기는 저지 스폰서십Jersey Sponsorship이다. 중국 슈퍼 리그의 경우에는 구단주 기업이 대부분 저지 스폰서를 하고 있는 상황이다.

리그 자체에 대해 스폰서십을 할 수도 있다. 리그 스폰서십의 경우에는 기업명이나 브랜드명을 붙여서 타이틀 스폰서십을 하는 것이 일반적이다. 중국에서 외국계 기업 최초의 리그 스폰서십은 1994년에 말보로万宝路완바오루가 했다고 전한다. 이후에 지멘스, 버드와이저, 피렐리타이어 등도 스폰서를 했다.

이 밖에 리그를 관장하는 축구협회를 스폰서하는 방법도 있다. 축구협회 스폰서십을 하면 남녀 국가대표 팀을 포함해 올림픽대표 팀, U-21, U-17 등을 묶어서 하는 방식이 대부분이다. 축구 대표팀 스폰서십 프로퍼티의 가장 큰 단점은 FIFA 규정상 경기복 저지 스폰서를 못 한다는 것이다. 연습용 운동복에만 브랜딩을 할 수 있다.

한편 중국에서는 유럽 축구에 대한 인기도 대단하다. 잉글랜드 프리미어 리그, 에스파냐 프리메라 리가, 이탈리아 세리 A, 독일 분데스리가 중계방송의 시청률이 높다. 그래서 중국시장과 소비자를 노리는 글로벌 기업들이 이들 리그를 많이 활용한다. 경기장 펜스의 광고판을 에이A 보드라고 하는데, 지금은 평판 디스플레이로 바뀐 곳이 많지만 예전에는 에이A 자 모양으로 생겨서 그렇게 불렀다. 유럽 리그의 펜스 광고를 중국어로 하는 기업들이 많아졌고, 중국으로 중계되는 시합을 골라서 저지 브랜딩을 중국어로 하는 경우도 있다. 한때 러시아 재벌들이 유럽 축구 리그 구단들을 사들였던 적이 있는데 이제 중국의 자본도 유럽 축구 리그 구단 인수에 나서고 있다. 스포츠 마케팅을 통해 거꾸로 중국의 아웃바운드인 글로벌 시장을 겨냥하려는 중국 기업이 있기 때문이다.

이 밖에 브라질 리그, 아르헨티나 리그 중계방송 시청 등 중국 축구 팬들의 축구 사랑은 각별하다.

두 번째로 팬층이 광범위한 종목을 꼽으라면 농구가 될 것이다. 중국농구협회가 주관하는 중국남자농구 직업리그中国男子篮球职业联赛중궈 난쯔 란치우 즈예 롄싸이에 17개 팀이 있다. 축구와는 달리 여자 리그도 있는데, 중국여자농구 갑급리그中国女子篮球甲级联赛중궈 뉘쯔 란치우 쟈지 롄싸이에는 12개 팀이 소속되어 있다. 팀, 리그, 협회에 스폰서십을 하는 방식은 축구와 비슷하다. 그러나 농구의 경우 협회 스폰서십을 하면 국가대표 팀 유니폼에 브랜딩이 가능하다. 배구 국가대표 팀 유니폼에도 브랜딩을 할 수 있다.

축구만큼은 아니지만 농구도 남성 팬 위주다. 미국 프로농구인 NBA도 인기가 있다. 경기중계도 많이 하고, 시즌 후에는 NBA 선수들이 중국을 방문해 NBA 홍보도 하고 중국광고도 찍는다. 하이얼 같은 가전회사를 비롯해 피크Peak 등의 스포츠 용품 및 의류 회사에 이르기까지 많은 중국 기업이 NBA 스폰서십에 참여한다.

탁구, 배드민턴, 수영, 다이빙, 체조도 중국팀의 좋은 성적과 더불어 스포츠 마케팅으로 활용되고 있다. 배드민턴의 경우 이례적으로 여성 팬의 비중이 높은 편이다.

F1을 비롯한 모터스포츠 골수팬도 상당하다. 상하이에는 F1 경기장賽车场씨이처창이 있고, 그 이하 급의 경기와 오프로드 경기 시설도 중국 곳곳에 있다.

한편 경제성장과 더불어 골프와 테니스의 인기는 날로 높아지고 있다. 테니스는 중국 선수에 대한 관심을 넘어서서 해외 선수에 대한 팬층이 두텁다. 유명 선수가 출전하는 전미, 전영, 전호, 전불 오픈 대회 시청률이 높을 뿐 아니라, 이들을 초청해서 마스터스 대회를 상하이에서 열고 있다. 부유층을 중심으로는 골프 애호가가 빠르게 늘고 있다. 골프 자체를 즐기는 사람도 물론 있겠지만, 계층의 상징으로 느끼기도 한다. 오픈 대회와 초청 경기가 열리고, 미국이나 유럽 투어에 참가하는 선수도 차츰 많아지고 있다.

배구 팀을 후원하는 기업도 제법 있다. 당구는 스누커를 중심으로 골수팬이 있으며 경기중계도 잦은 편이다. 해외 스포츠 중에서는 미식축구, 애견 대회 등의 중계도 가끔 이루어진다.

중국의 스포츠를 총괄하는 당국은 국무원 직속 기구인 국가체육총국国家体育总局 궈쟈 티위 쭝쥐이고, 그 아래 중국올림픽위원회中国奥委会 중궈 아오웨이후이와 중화전국체육총회中华全国体育总会 중화 첸궈 티위 쭝후이가 있다. 중화전국체육총회 산하에 32개 올림픽 종목 경기 단체와 38개 비올림픽 종목 경기 단체가 소속되어 있다. 비올림픽 종목 중에 재미있는 것을 몇 가지 소개하자면, *젠션 치궁*健身气功은 기공, *다오위*釣鱼는 낚시, *펑정*风筝은 연날리기, *룽저우*龙舟는 단오절 즈음하여 인기가 많은 용 모양의 배 경주를 말한다.

올림픽을 활용하여 스포츠 마케팅을 하려는 시도는 2004년에 *롄샹* 레노보이 중국 최초로 올림픽 TOP 프로그램The Olympic Partner Programme에 'VIKValue In Kind' 50%를 포함해 6,000만 달러 이상을 들여 참여하면서 본격화되었다. VIK는 물품으로 협찬하는 것을 의미한다. 2008년 중국의 안마당에서 열린 베이징올림픽 스포츠 마케팅에는 버드와이저, 존슨 앤드 존슨을 비롯한 외국계 기업과 *이리*伊利 등 본토 기업이 가릴 것 없이 총동원되었다.

여기서 스폰서십의 등급을 좀 더 살펴보자. 스포츠 마케팅을 할 때 크게는 올림픽부터 작게는 팀 스폰서십에 이르기까지 대부분 적용되는 방식이다. 가장 상위의 스폰서십은 타이틀 스폰서다. 브랜드나 기업명을 대회명 앞에 붙여서 '○○ 프로야구'처럼 명명하는 방식이다. 올림픽에는 당연히 타이틀 스폰서가 없다. 그다음으로 프로퍼티가 강력한 스폰서십은 공식 파트너다. 올림픽을 예로 들자면, IOC가 인정하는 올림픽의 공식 파트너는 TOP 프로그램이라고 하여 그 권리를 지켜준다. 그 아래에는 공식 스폰서Official Sponsor가 있고 그다음으로는 공식 물품공급업자Official Supplier가 있다. 개별 대회 조직위원회가 스폰서와 공급업자를 선정할 수도 있다.

축구에서 가장 큰 대회는 월드컵이고, 그 아래 대륙별 연맹이나 협회가 주관하는 대회들이 있다. 유럽을 예로 들자면 유럽축구연맹UEFA이 주관하는 국가 대항전인 유로 대회, 클럽 대항전인 챔피언스 리그와 유로파 리그가 있다. 아시아에도 비슷한 구조의 대회들이 있다. 이러한 대회에 스폰서십을 하는 것도 스포츠 마케팅의 한 분야다.

이렇게 개별 선수, 종목별 선수, 클럽 팀, 경기 단체 협회, 연령별·성별 국가대표, 올림픽, 세계대회, 대륙별 대회, 전국대회, 클럽대회 등의 차원에 따라서, 또한 프로퍼티의 크고 작음에 따라서 스포츠 마케팅이 시행되고 있다. 이는 축구뿐 아니라 다른 종목에도 마찬가지로 적용된다. 이 밖에 중국에도 스포츠 복권이 있는데, 이를 활용하는 마케팅도 생각해볼 수 있겠다.

CSR과 PR

중국은 땅이 넓어서 그런지 지진대도 많은 편이다. 대륙과 대만을 포함해서 5개의 지진대가 있다. 첫째는 대만과 인근 해역이다. 둘째는 서남쪽으로, 쓰촨성, 윈난성, 티베트 일대다. 2008년 5월 쓰촨성 원촨汶川에서 일어난 진도 8의 지진으로 7만 명 가까운 이들이 목숨을 잃기도 했다. 쓰촨성에서는 거의 해마다 지진이 일어난다. 세 번째 지진대는 서북쪽이다. 실크로드로 길게 이어지는 깐쑤성의 회랑走廊 조우랑과 칭하이성 일부가 해당된다. 2013년에는 깐쑤성 민셴岷县과 장센漳縣에서 지진이 있었다. 네 번째는 화북 지역이다. 샨시山西성에서 황허로 들어가는 지류인 펀허汾河강과 산시陝西성에서 황허로 들어가는 지류인 웨이허渭河강 사이 지역에서 발해만으로 이어지는 지진대다. 1976년에 베이징 동쪽 허베이성의 탕산에서 발생한 대지진으로 24만 명이 넘게 사망했다. 영화 〈탕산唐山 대지진〉이 이 사건을 배경으로 한 것이다. 다섯 번째 지진대는 남부 광둥성과 푸젠성 일부 지역이다.

앞서 외국계 기업에 대한 설명을 하면서 잠시 언급했지만, 중국인들은 지진이나 홍수 같은 재난이 일어났을 때 기업이 기부를 하는지의 여부를 무척 주시한다. 인터넷에 연일 구체적인 금액과 기부 물품 내역이 포함된 기부 기업 명단이 돌아다닐 정도다. 만약에 같은 업종에서 외국계 기업이 본토 기업에 비해 현저히 적은 액수를 기부했다고 한다면, 해당 외국계 브랜드에 대한 비판과 해당 국산 브랜드의 구매 운동을 주장하는 구호가 인터넷에 올라온다. 대개 이런 글들의 제목은 '어떤 외국 기업이 쩨쩨하고, 머뭇거리고, 뻔뻔한가' 하는 류다. 그리고 몇 달이 지나서도 약속한 금액이나 물품의 집행 상황이 체크된다. 중국에서 CSRCorporate Social Responsibility을 하는 기업이라면 반드시 염두에 두어야 할 대목이다.

기업이 지속 가능한 경영을 위해 사회적 책임감을 갖고 하는 공헌 활동을 'CSR'이라고 한다. 중국에서의 CSR 역시 다양한 모습들이 있다. 낙후된 지역의 학교, 의료 시설, 우물이나 발전기 등 기반 시설,

보호 대상자들을 돕는 것이 일반적이다. 공장이나 사업장 인근의 지역 주민과 지역 사회에 기여하는 것도 하나의 방법이다. 중국의 적십자사 격인 홍십자회와 각종 봉사단체, 각종 기금회, 보호시설과 연계할 수도 있겠다. 하지만 강조하고 싶은 점은 평소 이렇게 CSR을 체계적으로 관리한다 해도, 큰 자연 재해가 일어났을 때 기부 대열에서 빠진다면 단번에 이미지가 추락하고 경영에도 타격을 입을 수 있다는 것이다.

PRPublic Relations은 기업의 이미지를 관리하고 위기에 대응하는 '기업 PR'과, 마케팅과 판매의 한 부분으로 기능하는 '마케팅 PR'로 구분할 수 있다. 중국에서는 PR을 공공 관계公共关系꿍꿍 판시라고 하는데, 다양한 도구들을 PR을 위해 쓸 수 있다. 먼저 매체를 잘 활용하는 매체 관계Press Relations가 있다. 언론에 우호적인 기사가 나가도록 기사문뉴스레터과 사진 등 보도자료프레스 키트를 기자에게 보내준다든지, 기자들을 기업의 공장, 사업장이나 국제회의, 관광지로 초청하는 프레스 투어 등을 들 수 있다. PR 목적의 이벤트를 열거나 인터넷 사이트, 잡지, 경영 보고서, 영상물 같은 매체들을 활용하는 방법도 있다. 요즘은 인터넷상에서 자사에 부정적인 글이나 댓글이 기업의 경영활동에 악영향을 끼칠 수 있고, 역으로 긍정적인 메시지를 전파할 수 있기 때문에 파워 블로거나 SNS에서 영향력 있는 빅마우스 등을 잘 관리하는 것도 PR에서 빼놓을 수 없는 영역이라 하겠다. 이 밖에도 중국에서는 대정부 관계Government Relations가 아주 중요하므로 기업 경영자는 뼛속까지 현지화하려는 노력이 필요하다.

마케팅 PR 중 하나로 광고인지 기사인지 분명치 않은 기사식 광고 Advertorial를 비용을 들여 매체에 내는 방법이 있다. 중국에서는 '논설식 광고'라는 뜻으로 '셔룬스 광까오 社论式广告'라고 하거나 '하나의 테마를 다룬다' 해서 '좐티스 광까오 专题式广告', 또는 '노골적인 광고의 딱딱한 글硬文잉원이 아니다'라고 하여 '연문软文롼원'이라고 부르기도 한다. 기사식 광고와 인포머셜Informercial의 개념은 잘 구분해야 한다. 인포머셜은 정보와 광고가 섞인 것으로, 중국에서는 정보 광고信息广告신시 광까오라고 부른다.

1985년 중국 최초의 PR회사라고 할 수 있는 중국환구공공관계공사中国环球公共关系公司가 생겼다. 그렇지만 이 회사는 관영 통신사 신화사의 산하 조직으로 진정한 의미의 PR회사라고 하기에는 다소 무리가 있다. 이후 많은 외국계 PR회사가 중국에 진출하여 PR의 기본 개념들을 전파했다.

본토의 PR회사들은 외국계 PR회사에 비해 상대적으로 대정부 관계 업무에 강점을 갖고 있다고 내세운다. 그런데 업무의 과정과 결과를 잘 평가해야 한다. 중국에 진출한 외국 기업이 핵심 역량부터 부가적 역량까지 모든 일을 다 잘할 수 없다면, 부가적 역량을 갖춘 협력 회사를 잘 선정하는 것도 굉장히 중요한 경영 행위다. 조사나 PR은 대표적인 부가 역량 분야다. 다만 PR이나 조사 등의 분야는 일을 의뢰한 경영자가 과정과 결과를 평가할 능력이 없는 경우, PR회사나 조사회사가 마치 성과가 있는 것처럼 결과를 포장하기 쉬운 영역이라는 점도 명심해야 한다.

이 밖에 토털 마케팅의 한 분야로 많이 활용되는 것이 전시다. 전시는 박람회나 업종별 전시회같이 일정한 기간에만 열리는 비상설 전시와 늘 한자리에 있는 상설 전시로 나뉜다. 비상설 전시는 중국에서도 업종별로 다양한 전시회가 여러 곳의 베뉴Venue에서 열리고 있다. 상설 전시는 기업이 홍보·전시·판매의 복합적인 목적으로 플래그십 스토어旗舰店치젠뎬나 브랜드 숍을 운영하는 것이다. 랜드마크적인 요지에 이벤트성 비상설 전시장 겸 점포를 세웠다가 목적 달성 후에 철거하는 팝업 스토어도 활용할 만하다.

중국 마케팅의 기본,
유통과 촉진을 이해하라

유통Place은 마케팅에서 제품Product, 가격Price, 촉진Promotion을 포함하여 가장 중요한 4가지 요소 중 하나다. 그리고 중국에 진출한 한국 기업들이 가장 고민거리로 여기는 요소이기도 하다. 중국의 유통은 한마디로 요동치고 있다. 기존 유통의 복잡성은 말할 것도 없거니와, 다른 나라와 마찬가지로 디지털 유통이 빠른 속도로 시장을 장악하고 있다. 디지털 유통에 대해서는 뒤에서 따로 살펴보기로 하고, 먼저 중국 유통의 기본을 이루는 몇 가지 개념들을 알아보자.

중국 유통의 기본 개념

• *징샤오샹*经销商 : 경소상이라고 한다. 중간 유통을 맡고 있는 유

통업자다. *꽁훠샹*供货商에 대비되는 개념이다. *꽁훠샹*은 제품을 생산하고 공급하는 업자다. 생산하고 공급하는 업자를 다른 말로 꽁잉*샹*供应商, 또는 *창팡*ㄏ房이라고 하기도 한다. 창팡과 징샤오샹을 합쳐서 *창샹*ㄏ商이라고 한다. 창팡이 징샤오샹을 거치지 않고 직접 유통에 제품을 공급하는 것을 직공直供 *즈꽁*이라고 부른다.

• 링쑈우샹零售商 : 소매상이라고 생각하면 쉽다. *피파샹*批发商에 대비되는 개념이다. *피파샹*批发商은 도매상이다.

• *샹창*商场 : 상장은 매장이라고 생각되는 것들의 총칭이다. 전매점专卖店 *좐마이뎬*은 어떤 한 회사의 제품만을 파는 상점이다. *바이휘뎬*百货店은 백화점이다. *차오지 스창*超级市场은 슈퍼마켓이다. 슈퍼마켓을 다른 말로 자선 상장自选商场 *쯔쉔 샹창*이라고 하기도 한다. 고객이 스스로 물건을 고른다는 뜻이다. 전업 상점专业商店 *좐예 샹뎬*은 카테고리 킬러다. 이케아IKEA, 宜家家具 *이쟈 쟈쮜*, 홍싱 *메이카이룽*红星美凯龙 Macalline 같은 가구 전문 매장, B&Q百安居 *바이안쮜* 같은 건자재 전문 매장, 데카슬론Decathlon, 迪卡侬 *디카눙* 같은 스포츠 용품 전문 매장, *쑤닝*苏宁과 *궈메이*国美 같은 전자 전문 매장, 오피스 디포欧迪办公 *오우디 빤꽁*, 스테이플즈史泰博 *스타이보* 같은 문구 사무용품 매장이 해당된다. 기함점旗舰店 *치젠뎬*은 플래그십 스토어를 직역한 용어다. 그러니까 어떤 브랜드의 홍보·전시·판매 복합 용도 매장을 뜻한다. 직소점直销店 *즈샤오뎬*은 직영 판매점·전매점·자영 연쇄점 등의 개념이 합쳐진 말이다. *꼬우우 중신*购物中心은 쇼핑센터를 직역한 말이다. 대규모 매장들과 극장, 음식

점 등 근린 편의 시설들이 모여 있는 복합 시설이라고 할 수 있다. 이런 종합 시설을 도시 종합체城市综合体청스 쭝허티라고 부르기도 한다.

• 롄샤오뎬连销店 : 소매 상점들이 출자한 조합, 그러니까 우리나라의 연쇄 조합과 같은 의미이면서 프랜차이즈의 개념도 띤다. 프랜차이즈를 특허 가맹점特许加盟店 터쉬 자멍뎬이라고 부르기도 하는데, 적은 자본으로 유통망을 빠르게 넓힐 수 있기에 한국 기업들이 많은 관심을 보이고 있는 사업방식이기도 하다. 편의점, 의류, 학원, 음식, 이미용, 헬스, 세탁, 부동산, 인테리어, 자동차 수리 등 다양한 프랜차이즈가 존재한다.

• 다른 유통 용어들도 참고하자.

유통 채널: 취다오渠道, 자영 사업자: 꺼티후个体户, 판매: 샤오쇼우销售, 재고: 쿠춘库存, 덤핑·투매: 칭샤오倾销, 매대·랙: 훠쟈货架, 전용 매대: 좐꾸이专柜, 소비자 접점: 쭝돤终端, 샘플: 양핀样品, 밀수: 조우쓰走私, 세관: 하이꽌海关

중국에서 유통의 힘은 막강하다. 비록 디지털 유통의 강세로 그 힘이 많이 약해지긴 했지만 여전히 생산자는 유통 앞에서 약자인 것이 현실이다. 기업, 즉 궁휘商이 유통에 관례적으로 부담해온 비용들을 보면 상황을 파악할 수 있다. 진창페이进场费 또는 진휘페이进货费는 한국에도 있는 입점비 명목이다. 적당한 매대에 진열하려면 샹쟈페이上架费가 필요하다. 매대 끝(엔드 매대)이나 섬형 매대(아일랜드 매대)

에 진열하려면 투이토우페이推头费를 추가로 내야 한다. 매장 판촉비를 분담하는 추샤오페이促销费, 매장 기념일에 맞추는 칭뎬페이庆典费, 기타 찬조금인 짠주페이赞助费도 필요하다. 경우에 따라서는 유통 측에 매출액의 일정 부분을 미리 혹은 판매 후에 일종의 리베이트 형태로 줘야 하는 상황도 있다. 이런 리베이트는 판리返利, 코우뎬扣点, 다오커우倒扣 등으로 불린다. 납품 대금을 제때 받지 못하고 외상 거래赊销 셔샤오로 받거나 분할 납부分期付款펀치 푸콴로 받기도 한다. 매장에 배치되는 판촉원의 신원 보증금, 청소비, 보안 경비, 의류 시착 코너 사용비 등을 요구받기도 한다. 이렇게 유통업자가 정상적인 유통 마진 이외에 추가로 얻게 되는 이득을 통틀어 '통로 이윤通路利润퉁루 리룬'이라고 부른다.

유통의 횡포가 심하니까 많은 기업들이 자체 유통망을 구축하려고 안간힘을 쓰고 있다. 기업들은 자신의 전매점을 직영 또는 대리점으로 개설해 전국 유통 경로를 갖추고자 한다. 또 온라인에서 자신의 유통 사이트를 만드는 기업들도 많다. 하지만 기존 유통과 자사 유통 간의 갈등, 그리고 자사 오프라인 유통과 자사 온라인 유통 간의 자기 시장 잠식Cannibalization 상황은 피할 수 없는 현실이다.

한편 중국의 백화점, 전매점 등 어느 매장에 가도 물건 파는 곳과는 별도로 돈 받는 코너가 따로 지정되어 있다. 이런 점은 사회주의 배경의 나라들, 그러니까 러시아 같은 곳에 아직도 많이 남아 있다. 중국의 경우에는 이곳을 쇼우인타이收银台라고 부른다.

유통의 황금 시즌

중국 유통과 상인들이 바빠지는 황금 기간은 연말연시의 구정 춘절春节춘제과 신정 원단元旦위엔딴, 그리고 10월 초의 국경절 연휴, 5월 초의 노동절 연휴다. 중추절中秋节중추제은 이보다는 못하지만 중요 쇼핑 시즌 중 하나다. 춘절이 지나도 정월 보름까지는 화약을 터뜨리고 명절 분위기가 이어진다. 음력 정월 초닷새는 중국 재물 신의 생일이다. 중국인들은 이날 재물 신을 맞이迎财神잉 차이션하거나 재물 신을 접接财神제 차이션하면 1년 동안 큰 재물 운이 든다고 믿는다.

단오절端午节뚠우제과 청명절清明节청밍제이 휴일로 제정되면서 오히려 국경절, 노동절 연휴가 줄어들고, 국경절과 노동절의 전통적인 매출 영향력도 다소 약해졌다. 예전에는 적지 않은 업종에서 춘절, 원단, 노동절, 국경절 등 4대 시즌의 비중이 연간 매출액의 절반을 넘는 경우가 많았다. 해가 갈수록 이 비중은 줄어들고 있다.

11월 11일은 우리나라에서는 소위 빼빼로 데이라 하여 막대과자를 마케팅하지만, 중국에서는 독신남의 날光棍节꽝꾼제이다. 이날 하루 전자 상거래 매출이 신기록을 경신하는 날이기도 하다. 서양의 밸런타인데이인 2월 14일은 연인의 날情人节칭런제로 기념하며, 장미 가격이 폭등하는 날이다. 3월 14일 화이트데이는 흰색 연인의 날白色情人节바이써 칭런제이라고 부른다. 중국에서는 음력을 '농업 달력'이라는 뜻으로 농력农历눙리이라고 하는데, 견우牛郎뉴랑와 직녀织女즈뉘가 만나는 음력 7월 7일(7월 7석)이 원래 연인의 날이었다. 이제는 연인의 날이라고 하면 음력 7월 7일이라고 대답하는 사람보다, 밸런타인데이라고 대답하는 사람이 더 많아졌다고 한다. 요즘에는 음력 7월 7일을 중국 연인의 날中国情人节 중궈 칭런제 또는 칠석 연인의 날七夕情人节차시 칭런제이라고 부른다. 참고로 한국의 음력과 중국의 농력 날짜가 약간씩 차이 나는 이유는 양국에서 달의 기울기가 다르기 때문임을 알아두자.

전통적으로 여성 노동력을 중시하는 사회주의권에서는 3월 8일 여성의 날에 남자들이 여자들에게 꽃 등의 선물을 건넨다. 중국도 마찬가지다.

오프라인 유통과 외국계 유통회사

중국지방정부의 주요 재정 수입원이 부동산 사용권 판매라는 점을 알면, 이들 유통점들이 지방정부와 얼마나 관계가 돈독한가를 짐작할 수 있다. 중국의 부동산은 원래 국유의 개념이지만, 지방정부가 부동산 개발상에게 일정 기간 그 사용권을 줄 수가 있다. 그리고 개발된 부동산 구역의 상당 부분을 유통이 차지하고 있다. 이제 각지의 지방정부는 그 재정 수입원 개발 대상 부동산이 점점 줄어들어 재정 위기를 맞고 있기도 하다.

어쨌든 그동안 지방정부는 부동산 개발상과 유통에 매장 개발 관련 수속 등의 편의를 빠르게 제공해왔다. 세제 혜택과 전기 수도 등 기반 시설 비용의 혜택도 주었다. 그 결과 각 지역의 대형 유통들은 그 지역의 주요 상권, 거점을 비교적 잘 차지하고 있다. 유통은 금융권의 대출 혜택 등에서도 유리한 편이었다.

대형 유통이 힘이 있으니 주도권을 쥐고 브랜드의 가치를 평가하는 자리를 차지했던 것은 당연하다. 대형 유통은 집객 효과를 높이기 위해 매장 1층은 서양 명품, 고급 브랜드에 좋은 조건으로 임대해주고, 2층이나 3층은 일본이나 한국계 브랜드에 주는 경우가 많았다. 그러면서도 서양 명품, 고급 브랜드에 대한 1층 매장의 임대료를 가장 싸게 책정하는 것은 공공연한 비밀이었다. 대형 유통이 부동산 개발상으로부터 확보한 공간을 재임대하면서 또 다른 이윤을 얻기도 한다.

중국 시장경제 초기의 유통을 장악한 것은 외국계 유통이라 해도 과언이 아니다. 이런 외국계 유통을 중국 사람들은 서양 슈퍼라고 해서 양차오洋超라고 부른다. 현재 도시는 물론 지방 현급 지역에까지 까르푸家乐福쟈러푸, 월마트沃尔玛워얼마, 테스코乐购러까우, RT-Mart대만 润泰룬타이 그룹 계열의 따룬파大润发가 들어와 있다. 외국계 유통은 확립된 글로벌 경영 시스템, 대량의 머천다이징, 자신들만의 PB상품을 통한 이윤 확보, 유통 장악과 제조상 통제 등으로 좋은 시절을 구가해왔다.

그런데 요즘에는 정부의 태도가 예전과 같지 않다. 시장경제 초기에 유통의 동맥을 형성해주었던 외국계 유통을 차츰 줄여 나가고 국내 유통을 강화하려는 움직임이 일어나고 있는 것이다. 그래서인지 외국계 유통의 사건 사고 소식이 자주 들린다. 해마다 3월 15일 소비자의 날에 악덕 기업으로 집중 조명을 받는가 하면, 평상시에도 불량

제품 판매 등의 명목으로 당국에 자주 걸려든다. 대정부 관계가 나빠지고 있고, 위기관리 대응이 잘 이루어지지 않고 있기 때문이다. 각 유통업자들은 최근까지 과도한 출점 등으로 출혈 경쟁을 해왔는데, 경영 여건이 갈수록 나빠지고 있다. 설상가상으로 디지털 유통의 힘이 날로 막강해져서 오프라인 매장이 설 자리도 줄어들고 있다. 인건비와 임대료도 많이 오르고 있다. 결과적으로 많은 외국계 점포들이 지역에서 퇴출을 당하고 있다.

중국 토종의 유통은 각 지역의 농공상 슈퍼마켓农工商超市 농꽁상 차오스 같은 국영이 있고, 그 밖에 사영(민영), 그리고 합자로 하는 형태가 있다. 어느 것이든 그 규모는 외국계 유통보다는 작은 편이다. 토종 유통은 글로벌 유통과 경쟁하면서 점포 수 확대에 나서 왔으나, 중국 내 디지털 유통의 힘이 커지면서 외국계와의 경쟁과 수익성 악화라는 이중고에 시달리고 있다. 오히려 많은 토종 유통들이 출혈·외연·확장 경쟁의 결과물인 점포 수를 이제 와서 줄이는 실정이다. 일부 토종 유통은 자체 온라인 유통 사이트를 개설해 영업을 하고 있다. 그러나 기존 디지털 유통 사이트와의 경쟁은 만만치 않고, 자사 오프라인 유통과도 마찰을 빚을 수밖에 없다.

중국의 농촌은 현대화된 유통의 혜택이 미치지 못하는 지역이 여전히 많으므로, 중국 당국은 정부 차원의 지방 유통 현대화 작업을 지원하고 있다. 이를 '만촌천향 지방시장 프로젝트万村千乡市场工程 완춘 첸샹 스창 꽁청', '만촌 편의점 프로젝트万村便利店工程 완춘 뻰리뎬 꽁청'라고 부른다.

도시에 있는 유통회사로 하여금 시골에 25만 개의 농촌 유통점農家店 눙쟈뎬을 내도록 유도하여 전국 유통 동맥을 형성하고 지방 소비도 활성화해보자는 취지다.

제품별 유통 중에서도 나름의 특성을 지닌 전자제품 유통은 따로 살펴볼 필요가 있다. 전통적 양대 강자인 *쑤닝*苏宁 과 *궈메이*国美 가 전국 상권을 장악하고 점포 수 확장 경쟁을 해왔다. 각 지역별로는 지역 상권을 일부 차지한 지역 맹주 같은 유통들이 일정 부분을 점유해왔다. *선전의 선전順 뎬*深圳顺电, *우한의 우한 꿍마오*武汉工贸, *쟝시의 쟝시 쓰핑*江西四平, *후난의 후난 퉁청*湖南通程 같은 곳들이다. 그렇지만 이들도 디지털 유통의 득세에 밀려 차츰 점포 수가 줄어들고 있는 실정이다.

대세는 디지털 유통

중국에서는 인터넷 쇼핑을 '왕뤄 꼬우우网络购物'라고 부르고, e-비즈니스는 '뎬쯔 샹우电子商务'라고 하는데, 매킨지 보고서는 이러한 디지털 유통이 2020년 중국 전체 소비의 15%를 점유할 것이라고 전망했다. 중국에서 전자 상거래의 열풍은 전통적인 오프라인 의류 상가가 단체로 문을 닫는 등의 유통 대변화를 불러오고 있다. 그리고 그 파장은 일파만파로 번지고 있다. 예를 들어 중국 화동 지방 쟝쑤성의 유명 특산품인 민물게大闸蟹 따자셰 생산조합은 그동안 중간 유통상들이 너무 많은 이윤을 취해왔다면서 앞으로 정품 민물게는 온라인으로만 유통하겠다고 밝히기도 했다. 실제 디지털 유통의 힘이 토속 제품군에까지 영향을 끼치고 있는 것이다. 한편 중국 우체국郵政 요우정도 한국 우체국처럼 지역 특산품을 직접 유통·배송하는 서비스를 시작하며 대중 마케팅에 나서고 있다.

중국 당국은 전자 상거래의 폐단인 고객정보 유출의 보안 문제나 전자 지불 사기 문제 등에도 불구하고, 전자 상거래의 확대를 적극 반기고 있다. 이를 통해 중소기업을 비롯한 토종 브랜드가 비교적 열세였던 오프라인의 유통이나 오프라인의 브랜드 마케팅 능력을 만회할 수 있다고 생각하기 때문이다. 그러면서 인터넷 상거래 실명제를 운영하고, 고객이 마음에 안 드는 물건은 구입 7일 이내에 반품을 허용하는 후회권을 도입하는 등 적극적인 관리에 나서고 있다.

중국의 전자 상거래는 그동안 고객 대 고객의 직접 거래인 C2C가 주도해왔지만 기업 대 고객의 거래인 B2C가 점차 늘어나는 추세다. 가면 갈수록 전자 상거래의 경쟁이 워낙 치열해지니 온라인상에서 한정된 시간에만 판매하는 반짝 세일Flash Sale/限时抢购 센스 챵꼬우이나 Sec Kill秒杀 마오샤 같은 용어들이 속속 등장하고 있다. 그런 가운데 종합 C2C나 B2C의 치열한 경쟁을 피해 화장품, 가구, 의류, 신발, 전자 등 제품 업종별로 이른바 수직적 사이트를 구축하여 나서는 운영자도 많아지고 있다.

중국 전자 상거래 분야에서는 아리바바阿里巴巴 그룹이 막강한 지위를 차지하고 있다. 아리바바는 기업 대 기업의 거래인 B2B 분야의 독

보적 강자이고, C2C 시장에서는 *아리바바*의 계열사 *타오바오*淘宝가 독과점적 시장 점유율을 보이고 있다. *타오바오*의 플랫폼은 수수료 0%로 제공된다. *타오바오*의 강력한 지배력에 힘입어 다각화한 B2C 사업에서도 *아리바바*의 계열사인 *톈마오*天猫tmall 의 힘이 세다. 이들 *아리바바그룹*의 시장 영향력이 워낙 크다 보니 각 유명 제조상들도 *톈마오*에 각자의 브랜드 몰이나 플래그십 스토어를 앞다퉈 내고 싶어 한다. *톈마오*도 입점 기업의 브랜드 상표권 증명 등을 확인하며 플랫폼 관리를 강화하고 있다. *톈마오* 입점 시 필요한 상표권 증명을 수권서授权书 쇼우췐슈라고 한다. 지불 솔루션 분야 역시 *아리바바그룹*의 지불보支付宝 즈푸바오가 페이팔Pay Pal의 *베이바오*贝宝 , *바이두*의 *바이푸바오*百付宝 서비스를 따돌리고 있다. *아리바바*의 총수인 *마윈*은 중국금융의 개혁을 제창하며 은행업 진출까지 도모하고 있다.

기타 운영자로, C2C 분야에는 *텅쉰*腾讯의 *파이파이*拍拍paipai가 있다. B2C에는 전자제품 판매에서 출발한 *징둥 샹청*京东商城jd/ 360buy, *이쉰 샹청*易讯商城yixun/51buy이 있고, *궈메이*国美 의 *쿠빠*库巴coo8, *아마존*亚马逊 야마쉰의 *쥐위에*卓越amazon.cn/z.cn가 있다. 도서 판매에서 시작된 *땅땅*当当dangdang, 의류 판매에서 출발한 *판커*凡客 Vancl, *훙하이즈*红孩子redbaby, 그리고 *이하오뎬*一号店 yhd/ yihaodian, *신딴*新蛋newegg, *마이왕*麦网m18, *러요우*乐友leyou 등도 있다. *이취*易趣eachnet는 이베이와 관련된 해외 구매 대행 비즈니스 모델에 힘쓰고 있다.

업종별 수직적 사이트를 보면, 화장품은 *러펑*乐峰 lefeng, *톈톈왕*天天网 tiantian, *쥐메이왕*聚美网 jumei, *진르 메이리*今日美丽 tnice 등이 있다. 의류·패션으로는 *샹핀 저커우왕*上品折扣网 shopin, *D1요우샹왕* D1优尚网 d1, *스샹 치이*时尚起义 shishangqiyi, *꽝제왕*逛街网 togj 같은 곳이 있다. 신발은 *타오세왕*淘鞋网 taoxie, *하오러마이*好乐买 okbuy 등이 있다. 전자는 오프라인의 강력한 두 라이벌인 *궈메이*国美 와 *수닝*苏宁 이 전자 상거래 사이트에서 재격돌하고 있다. *궈메이 뎬치*国美电器 gome, *수닝 이고우*苏宁易购 suning가 이들이다. 이 밖에 *징둥 샹청*京东商城 jd/360buy, *타오바오 뎬치청*淘宝电器城 3c.tmall, *스지 뎬치왕*世纪电器网 51mdq(51mdq는 我要买电器 워야오마이뎬치, 즉 '나는 전자제품을 사려고 한다'의 발음에서 따온 도메인 이름이다), *중관춘 샹청*中关村商城 zol, *요우런왕*友人网 younet 등이 있다. 징둥 샹청이 '타도 수닝'을 외치며 대대적인 할인 공세를 펼쳤는데, 이것이 과열되자 결국은 국가 당국인 발개위가 개입하기에 이르렀고, 할인 전의 원래 표시 가격이 일부 조작된 것으로 밝혀지는 일도 있었다. 기타 품목으로는 약품의 *젠이왕*健1网 j1, *진샹왕*金象网 jxdyf, 가구의 *메이러러*美乐乐 meilele, *취완왕*趣玩网 quwan, 안경의 glassesshop과 trioo 같은 곳도 있다.

단체 구매 团购 퇀꼬우, 공동 평가 点评 뎬핑, 캐쉬백 返利 판리의 개념으로는 *라쇼우왕*拉手网 lashou, *메이퇀*美团 meituan, *따중 뎬핑퇀*大众点评团 t.dianping, *미저왕*米折网 mizhe 등이 있다.

한편 제조·서비스 기업들도 독자적 유통망 구축을 위해 자사의 전자 상거래 사이트를 만들어 영업을 하고 있으며, 자사 오프라인 유통과의 사이에서 시장이 잠식될 상황이 있는 업종은 자동차 다이렉트보험 直销车险 즈샤오 처셴이 대표적이다.

모바일 기기에 대한 사람들의 접촉시간 점유율이 높아져서 전자 상거래에서도 모바일 플랫폼을 강화하려는 것은 중국 역시 다른 나라와 상황이 다르지 않다. 비중이 점점 높아지고 있는 것이다.

홈쇼핑은 초기에 CJ, 현대 등의 한국 기업들이 들어와 상하이미디어그룹과의 합자회사인 동방CJ 같은 합작 채널을 운영하며 시장을 형성했다. 지금은 쟝쑤텔레비전의 하오샹 好享, 후난텔레비전의 콰이러 快乐를 비롯해 쟈요우 家有, 중스 中视, 샹궈 橡果 등 다양한 채널이 운영되고 있다.

중국의 홈쇼핑 채널에서 판매되는 상품은 그야말로 각양각색이다. 중국 사람들이 좋아하는 금괴와 금으로 만든, 여러 모양의 재테크 수단 겸 길운을 가져다준다는 길상물도 있고 재물을 상징하는 비취와 은으로 만든 주판도 연말연시에 인기가 있다. 특히 음력 정월 초닷새는 재물 신을 모시는 날이라 하여 주판의 매출이 높다. 중국인들은 귀뚜라미를 애완용으로 기르고 귀뚜라미끼리 싸움을 붙이기도 하는데, 홈쇼핑에서 고급 귀뚜라미 집까지 판매한다.

한국 기업이 중국에서 전자 상거래를 운영하려면 기존 플랫폼 안으로 들어가는 방법도 있고, 자신이 직접 사이트를 구축하는 방법도 있다. 이때 사이트를 허가받아야 하는데 그러한 과정에서 신고하는 절차를 비안备案삐이안이라고 한다. 콘텐츠 제공자ICPInternet Content Provider/ 互联网内容提供商 후롄왕 네이룽 티꿍상의 경우에는 비안 절차를 요구받는다. 그렇지만 사이트에서 아이템을 판매하거나 결제 과정이 포함되면 전신 및 정보 서비스 경영 허가증电信与信息服务经营许可证 뎬신 위 신시후우 징잉 쉬커쩡이 필요하며, 비안 신고가 아니라 인가를 받아야 한다.

유통 현장의 판매촉진

촉진Promotion은 제품, 가격, 유통과 함께 마케팅의 4가지 핵심 요소 중 하나이고 광고 활동도 촉진에 포함된다. 판매촉진Sales Promotion은 유통 현장과 가까운 촉진 활동이라고 볼 수 있다. 여기서는 중국 판매 촉진의 주요 개념들을 간단히 소개하고자 한다.

• 만감满减 만젠 : 얼마만큼 구매하면 할인을 해준다는 의미다. 만증满赠 만쩡에 대비되는 개념이다. 만쩡满赠은 얼마만큼 구매하면 쿠폰이나 증정품을 준다는 의미다.

• 따저打折/ 저코우折扣 : 할인을 해준다는 의미다. 예를 들어 '7折'라고 적혀 있으면 30% 할인을 해준다는 의미고, 8折면 20% 할인을 해준다는 의미다.

• 두다오督导 : 판촉원을 감독하는 역할을 하는 사람이다. 판촉원은 추샤오위엔促销员 또는 다오꼬우导购라고 한다. 창상厂商 소속의 판촉

담당자는 예우위엔 业务员이라고 한다.

- 파이파 派发 : 전단传单촨단이나 샘플样品양핀을 배포해서 소비자가 무료 시용免费试用멘페이 스용할 수 있게 하는 것을 말한다. 우편으로DMDirect Mailing한다는 의미도 포함된다.

- 판촉에 관련된 다른 용어들은 다음과 같다.

판촉 : 추샤오促销 또는 투이광推广, 구매 혜택 : 요우후이优惠, 적립 포인트 : 지펀积分, 사은품 : 쩡핀赠品 또는 리핀礼品, 경품 추첨 : 초우장 抽奖, 인기 상품 구역 : 러마이취热卖区, 번들 패키지 판매 : 정빠오샤오 整包销, 단체 구매 : 퇀꼬우团购, 마케팅 : 잉샤오营销, 구전 : 코우뻬이口碑, 오피니언 리더 : 이젠 링시우意见领袖

중국에서 판촉을 잘한 기업의 시범 사례로는 P&G를 꼽을 수 있다. P&G는 중국에서 아직 판촉 또는 프로모션의 개념이 생소하던 1999년 당시 지방 도시를 중심으로 신제품 샴푸인 퍄오로우飘柔를 샘플링하여 호응을 얻었다. 이후 P&G의 비듬샴푸 브랜드인 헤드 앤드 숄더海飞丝하이페이쓰도 큰 성공을 거두어 기능성 샴푸의 일반명사처럼 불리고 있다. 요즘은 중국의 많은 본토 기업들도 판매촉진 활동에 노력을 기울인다.

중국의 주요 매장 앞에서 판촉행사를 할 때 빠지지 않는 것이 바로 경품 추첨抽奖초우장이다. 중국인은 전통적으로 경품 추첨을 무척 좋아한다. 심지어 대부분의 조직 내부 행사와 외부 행사, 친목 모임, 야유

:: 쇼핑센터 앞에서 열린 애완동물 사료 판촉 이벤트

회 등에도 경품 추첨은 빠지지 않는다. 판촉 행사에서는 주로 각종 공연을 해서 관객을 모은다. 관객의 연령대와 취향에 따라 다르기는 하지만, 무술 시범단이라든지 전통 무용 등의 공연도 열린다. 이러한 판촉 활동과 이벤트 마케팅을 통틀어 '활동 마케팅活动营销 훠둥 잉샤오'이라고 부른다.

PART **4**

당신이
알아야 할 중국

중국 비즈니스에서는 관계 당국, 공무원과의 관계 즉, 꽌시가 아주 중요하다.
그런데 중국의 체제를 보면 우리와는 너무 달라 몇 번을 들어도
헷갈리고 잘 모르겠다는 사람들이 많다.
여기서는 비즈니스를 위해 필수적으로 알아야 할
중국의 기본 국가 개념에 대해 간략히 살펴보자.
더불어 중국의 지역적·지리적 특성을 파악한다면
중국과 중국인을 이해하는 데 커다란 도움이 될 것이다.

중국이라는 나라

중국의 경제적 지위는 미국과 함께 이미 주요 2개국G2 반열에 올랐다. 수출과 외환 보유고 등 몇몇 분야에서는 세계 1위다. 정치적으로도 중국은 유엔 안전보장이사회 상임이사국이다. 국제정치에서 역할이 클 수밖에 없다. 특별히 중국이 공을 들이고 있는 지역들이 있는데, 일단 아프리카다. 중국 지도부는 역대로 아프리카 외교를 상당히 중시해왔다. 아프리카는 자원도 풍부하지만 국가의 수도 많기 때문에 국제사회에서 표결로 이루어지는 사안에 대한 집단적 영향력을 무시할 수 없다. 그런 아프리카에 중국은 투자도 하고 지원도 한다. 중남미와 동남아 등 다른 남반구 지역도 중국이 주력하는 외교 무대다. *시진핑*은 국가주석이 된 후 첫 순방 국가로 러시아와 아프리카 3개국을 선택했다. 미국 방문길에는 중미 순방을 먼저 하고 미국으로 갔다. 동남아 국가연합과는 정기적으로 중국–아세안 고위급 포럼을 열어 협력 방안을 논의한다.

중국을 중심으로 한 국제적 조직으로는 *상하이*협력기구上海合作组织 상하이 허쭤 주즈/The Shanghai Cooperation Organization SCO가 있다. 1996년에 중국, 러시아와 중앙아시아의 구소련 5개국 중 카자흐스탄, 키르기스스탄, 타지키스탄을 포함한 5개 나라가 상하이에 모여 결성한 협력체에, 2001년에 우즈베키스탄이 가입하여 총 6개의 회원국이다. 옵서버 국가는 이란, 파키스탄, 아프가니스탄, 몽골, 인도가 있고, 벨라루스, 터키, 스리랑카는 대화 파트너로, 투르크메니스탄, 독립국가 연합CIS/ 独立国家联合두리 궈쟈 롄/ 独联体두롄티, 동남아 국가연합ASEAN/ 东盟둥멍은 참관 자격으로 참여하고 있다. 이 조직은 실질적으로 북대서양조약기구나토/NATO에 대응하는 것으로 보이나 대외적으로는 테러 방지 등을 목적으로 표방하고 있다. 정기적으로 대테러 명분의 군사훈련도 함께 한다. 조직의 공용어는 중국어와 러시아어다.

중국의 국기는 오성 홍기五星红旗 우씽 훙치다. 큰 별 1개는 중국공산당을, 작은 별 4개는 각각 노동자, 농민, 지식분자, 민족 자산계급을 상징한다. 이 4개의 작은 별은 전통적인 사농공상의 개념이 공농사상으로 순서가 바뀌어 들어갔다고 보면 되겠다. 국가는 〈의용군 행진곡义勇军 进行曲 이융쥔 진씽취〉이다.

중국이라는 단어가 전국시대의 맹자나 장자 등 몇몇 기록에 등장하지만 여기서의 중국은 '중원'의 개념으로 보는 것이 맞다고 한다. 이

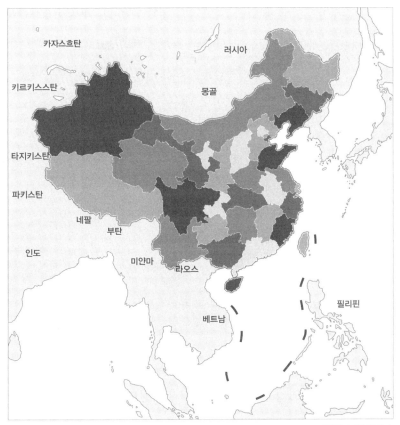

:: 중국과 접경국가

보다는 고래로 중화中華중화, 화하華夏 화샤, 신주神州 선저우가 '민족' 또는
'국가'를 상징해왔다. 이때의 *선저우*는 쿤룬崑崙 산맥 동쪽을 일컫는
말이라고 한다. 지금도 *중화*, *화샤*, *선저우*는 은행, 통신회사 등 여러
기업과 브랜드의 이름으로 쓰이고 있다.

중국은 밖으로 14개 나라와 국경을 맞대고 있다. 북쪽으로는 몽골蒙古 멍구과, 북동쪽으로는 러시아俄罗斯 어뤄스, 북한朝鲜 차오센과, 남쪽의 윈난성, 광시성 쪽으로는 베트남越南 위에난, 라오스老挝 라오워, 미얀마缅甸 멘뎬와, 서남의 시짱 쪽으로는 인도印度 인두, 부탄不丹 부딴, 네팔尼泊尔 니보얼과, 서쪽으로는 파키스탄巴基斯坦 빠지스탄, 아프가니스탄阿富汗 아푸한, 타지키스탄塔吉克斯坦 타지커스탄, 키르기스스탄吉尔吉斯斯坦 지얼지스스탄, 카자흐스탄哈萨克斯坦 하사커스탄과 국경을 접하고 있다.

8개국과는 해상 접경이다. 황해와 동중국해를 사이에 두고 한국韩国 한궈, 북한, 일본日本 르뻔, 남중국해의 서사군도, 남사군도 쪽에는 베트남, 필리핀菲律宾 페이뤼뻰, 말레이시아马来西亚 마라이시야, 브루나이文莱 원라이, 인도네시아印度尼西亚 인두니시야가 있다.

중국은 안으로는 4개의 직할시를, 대만을 포함하면 23개의 성, 5개의 자치구, 2개의 특별 행정구를 갖고 있다. 4개의 직할시 중 수도는 베이징北京이다. 약칭으로는 '경京징'이라고 한다. 중국에서 지역의 약칭을 알고 있으면 상당히 도움이 된다. 먼저 뉴스에 약칭들이 자주 등장한다. 몇 개의 지역을 묶어 보도를 할 때 이 약칭을 쓴다. 예를 들어 국가 지도자가 베이징, 톈진, 허베이성을 시찰한다고 하면 묶어서 '경진기 고찰京津冀考察 징진지 카오차'이라고 하는 식이다. 일기예보에도 나온다. 지역 음식 이름을 일컬을 때도 쓴다. 예를 들어 후난湖南 풍의 요리를 샹차이湘菜라고 부르는 식이다. 또 지역과 지역 간의 고속도로 이름에도 붙인다. 예를 들어 베이징과 상하이 사이의 고속도로는 경

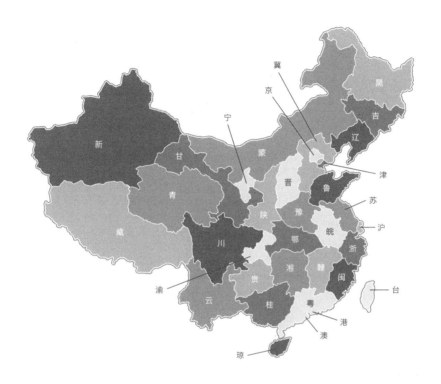

:: 중국 행정구역과 약칭

호고속도로京沪高速公路 징후 까오쑤 꿍루다. 그리고 자동차 번호판에도 약칭을 쓴다. 이것만 알면 어느 지역에서 온 차인지 금방 알 수 있다.

다음 소개할 직할시는 *상하이*上海 다. 약칭으로는 호沪 후라고 한다. *상하이*가 위치해 있는 오송강吳淞江 우쑹쟝 하류 지역을 일컫는 말과 어업 도구의 이름에서 유래했다. *상하이*의 또 다른 별칭은 신申 션이다. *톈진*天津 직할시의 약칭은 진津 진이고, 충칭重庆 직할시의 약칭은 유渝 위다. 근처의 유수渝水웨이 강 이름에서 따왔다.

23개의 성을 살펴보자. 허난河南 성의 약칭은 예豫 위다. 중국 고대의 9주 중 하나인 예주에서 유래했다. 허난은 유명한 중원에서도 중심이다. 현재 성도는 정저우郑州 다. 허베이河北 성의 약칭은 기冀 지다. 역시 고대 9주 중 하나인 기주에서 유래했다. 성도는 스자좡石家庄 이다. 샨둥山东 성의 약칭은 노鲁 루다. 춘추시대 노나라의 이름에서 따왔다. 현재 성도는 지난济南 이다. 샨시山西 성의 약칭은 진晋 진이다. 역시 춘추시대 진나라의 이름에서 유래했다. 성도는 타이위엔太原 이다. 랴오닝辽宁 성의 약칭은 요辽 랴오고 성도는 션양沈阳 이다. 지린吉林 성의 약칭은 길吉지이고 성도는 창춘长春 이다. 헤이룽장黑龙江 성의 약칭은 흑黑헤이이고 성도는 하얼빈哈尔滨 이다. 쟝쑤江苏 성의 약칭은 소苏쑤고 성도는 난징南京 이다. 저쟝浙江 성의 약칭은 절浙저이고 성도는 항저우杭州 다. 안후이安徽 성의 약칭은 완皖완이다. 춘추시대 이 지역의 큰 도시인 안칭安庆 부근의 나라 이름에서 유래했다. 현재 성도는 허페이合肥 다. 푸젠福建 성의 약칭은 민闽민이다. 오대십국 시기의 이 지역 나라 이름에서 기원했다. 성도는 푸저우福州 다. 타이완台湾 의 약칭은 태台타이다. 쟝시江西 성의 약칭은 감赣깐이다. 이 지역을 흐르는 감강赣江 깐쟝에서 따왔다. 성도는 난창南昌 이다. 후난湖南 성의 약칭은 상湘샹이다. 역시 강 이름 상강湘江 샹쟝에서 따왔다. 성도는 창샤长沙 다. 후난성은 유명한 동정 호수洞庭湖 뚱팅후의 남쪽에 있다고 해서, 후베이湖北 성은 호수의 북쪽에 있다 해서 지어진 이름이다. 후베이성의 약칭은 악鄂어이다. 지금의 성도인 무한武汉 우한은 무창武昌 우창, 한커우汉口가 합쳐져 생긴 도시인데, 수隋 시기에 무창 지역을 악주鄂州 어저우라고 부른 데서 유래했다. 무창은 신해혁명 때의 무창봉기로도 유명하다. 광둥广东 성의 약칭은 월粤 위에이다. 한汉 시기에 이 지역을 남월南粤 난위에로 불렀다고 한다. 성도는 광저우广州 다. 하이난海南 성의 약칭은 경琼 총이다. 진秦 시기에 이 지역을 경주琼州 총저우라고 불렀다고 한다. 성도는 하이커우海口 다. 쓰촨四川 성의 약칭은 천川 촨이며, 촉蜀 슈이라고도 부른다. 삼황오제 시절의 촉나라도 전해지지만, 더 유명한 것은 삼국시대 유비의 촉한蜀汉 슈한이다. 현재의 성도는 청두成都 다. 꾸이저우贵州 성의 약칭은 귀贵 꾸이고 성도는 꾸이양贵阳 이다. 윈난云南 성의 약칭은 운云 윈이고 성도는 쿤밍昆明 이다. 산시陕西 성의 약칭은 섬陕 산이다. 진秦 친으로도 불린다. 춘추시대에도 진나라가 있었고, 전국시대 이후 함양咸阳 센양에 도읍을 정한 통일 제국 진도 있다. 현재의 성도는 시안西安 이다. 깐쑤甘肃 성의 약칭은 감甘 깐이다. 란저우兰州 가 성도다. 칭하이青海 성의 약칭은 청青 칭이고 성도는 시닝西宁 이다.

5개의 자치구를 보자. 네이멍구內蒙古 자치구의 약칭은 몽蒙 멍이다. 후허하오터呼和浩特 가 자치구도自治区都 다. 광시广西 좡壮족 자치구의 약칭은 계桂 꾸이다. 이 지역에 꾸이린桂林 이 있고, 예전에 꾸이저우桂州 로 불리운 데서 비롯됐다. 자치구도는 난닝南宁 이다. 시짱西藏 자치구는 티베트로 더 잘 알려져 있다. 약칭은 장藏 짱이고 자치구도는 라싸拉萨다. 닝샤宁夏 후이回족 자치구의 약칭은 녕宁닝이고 자치구도는 인촨银川 이다. 신장新疆 웨이우얼维吾尔족 자치구의 약칭은 신新신이고 자치구도는 우루무치乌鲁木齐다.

이 밖에 홍콩香港 샹강 특별 행정구의 약칭은 항港강이고, 마카오澳门아오먼 특별 행정구의 약칭은 오澳아오다.

중국을 구성하는 민족을 살펴보자. 중국에서 인구수도 가장 많고 사회를 주도하는 민족은 역시 한족汉族한쭈이다. 그리고 조선朝鲜族챠오셴쭈, 티베트藏族짱쭈, 위구르维吾尔族웨이우얼쭈, 러시아俄罗斯族어뤄스쭈, 몽골蒙古族멍구쭈, 만주满族만쭈, 타지크塔吉克族타지커쭈, 우즈베크乌孜别克族우쯔볘커쭈족 등 모두 56개의 민족이 있다.

상관 부문과
꽌시

중국에 살다 보면 상관 부문相关部门 상꽌 뿌먼이란 말을 많이 듣는다. 비슷한 뜻으로 유관 부문有关部门 요우꽌 뿌먼이라고도 한다. 뉴스에도 매우 자주 나온다. 상관 부문이 함께 조사하고 있다든지, 상관 부문이 같이 노력하고 있다든지 하는 식이다. 상관 부문은 우리나라에서 공무원들이 자주 쓰는 관계 부처, 관계 당국과 비슷한 말이다.

중국 비즈니스에서는 관계 당국이나 공무원과의 관계꽌시가 아주 중요하다. 그런데 중국의 체제를 보면 우리와는 너무 달라서 몇 번 들어도 헷갈리고 잘 모르겠다는 사람들이 많다. 간략하게 살펴보자. 중화인민공화국은 시장경제를 취하고 있지만 법제상 사회주의 국가다. 그리고 행정·입법·사법 기능이 있다. 나라의 수반은 국가주석国家主席 궈쟈 주시/President이라고 부른다.

비즈니스와 관련 있는 행정부

비즈니스와 가장 관련 있는 쪽은 아무래도 행정부다. 먼저 행정부의 모습을 살펴보자. 중국의 행정부는 중화인민공화국 중앙인민정부中央人民政府 중양 런민정푸이다. 간단하게 국무원国务院 궈우위엔이라고 한다.

각 지역에는 이에 상응하는 기능을 가진 인민정부가 있다. 공무원의 서열은 위로부터 성·부省部 성·부급, 사·청·국司厅局 쓰·팅·쥐급, 현·처县处 셴·추급, 향·진·과乡镇科 샹·쩐·커급으로 대별한다. 직제상 우리나라의 장관급인 부장이라면 지방의 성장과 대략 동급 정도라는 의미다.

국무원 총리总理 쭝리/Premier의 국가 지도자 서열은 정권에 따라 2위 또는 3위가 될 수도 있다. 총리 밑에 장관급 각 부장이 있다. 외교부外交部 와이쟈오부, 국방부国防部 궈팡부가 어떤 업무를 관장하는지는 이름으로 바로 이해가 될 것이다. 국방부 산하에는 중국인민해방군이 있다. 국가발전과개혁위원회国家发展和改革委员会 궈쟈 파잔 허 가이거 웨이위엔후이는 줄여서 '발개위发改委 파가이웨이'라고 흔히 부른다. 담당 분야는 거시경제宏观经济 훙꽌징지와 사회 발전이므로 예전의 경제기획원 정도로 생각하면 될 것 같다. 물가 관리도 맡고 있다. 교육부教育部 쟈오위부, 과학기술부科学技术部 커쉐 지슈부도 이름 그대로의 분야를 관장하고 있다. 공업과 정보화부工业和信息化部 꿍예 허 신시화부는 줄여서 공신부工信部 꿍신부라고 하고, ICT를 담당한다. 국가민족사무위원회国家民族事务委员会 궈쟈 민주 스우 웨이위엔후이는 56개 민족의 교육과 자치 문제 등을 맡고 있다. 공안부公安部 꿍안부는 각 성의 공안청, 직할시의 공안국, 각 시의 공안국 또

228

는 공안처, 각 구의 공안 분국과 산하의 파출소를 관할한다. 국가안전부国家安全部 궈쟈 안췐부는 반反간첩, 정치 보위의 업무를 한다고 되어 있는데 부부장 명단 등은 비공개를 원칙으로 하고 있다. 감찰부监察部 젠차부는 공직자 감찰을 맡고 있다. 중국공산당 중앙기율검사위원회中央纪律检查委员会 중앙 지뤼 젠차 웨이위엔후이와 공동으로 업무를 한다. 민정부民政部 민정부는 내무부의 역할을 하며, 사회주의 이념 구현을 목표로 기층민의 생활 보호와 보훈 업무도 하고 있다. 사법부司法部 쓰파부는 우리나라 법무부와 비슷하고, 재정부政部 차이정부는 재경·세무 업무를 담당한다. 인적자원과 사회보장부人力资源和社会保障部 런리쯔위엔 허 셔후이 바오장부는 취업·복지 등을 관장한다. 국토자원부国土资源部 궈투 쯔위엔부와 환경보호부环境保护部 환징 바오후부는 이름 그대로의 업무라고 보면 된다. 주택과 도농건설부住房和城乡建设部 주팡 허 청샹 젠셔부는 부동산과 도시건설 정책을 담당하고 있다. 교통운수부交通运输部 쟈오통 윈슈부는 교통 정책을, 수리부水利部 쉐이리부는 수자원 정책을, 농업부农业部 눙예부는 농업 정책을 맡고 있다. 수출입과 관계가 많은 부처가 상무부商务部 샹우부다. 무역과 국제경제 협력을 관할한다. 문화부文化部 원화부의 업무는 이름 그대로다. 중화인민공화국 국가위생과 계획생육위원회中华人民共和国国家卫生和计划生育委员会 궈쟈 웨이성 허 지화 성위 웨이위엔후이는 의료와 인구 정책을 담당한다. 위생부가 여기에 통합됐다. 중국인민은행中国人民银行 중궈 런민 인항은 중앙은행의 역할을 하고, 심계서审计署 선지슈는 회계감사를 맡는다.

다음으로는 국무원의 직속 기구直属机构즈쑤 지꺼우 중에서 외국계 기업과 관계가 있는 쪽만 골라보았다. 중화인민공화국 해관총서中华人民共和国海关总署 하이 꽌쭝슈는 세관이다. 국가세무총서国家税务总署 궈쟈 쉐이우 쭝슈는 세무를 관장하고, 국가공상행정관리총국国家工商行政管理总局 궈쟈 꽁샹 싱정 관리 쭝쥐은 상표 관리 등을 담당한다. 국가품질감사검험검역총국国家质量监督检验检疫总局궈쟈 즈량 젠두 젠옌 젠이 쭝쥐도 외국계 기업과 업무 연관이 매우 높다. 이들의 정기적·비정기적 품질 검사에 따라 비즈니스가 크게 영향을 받는다. 국가신문출판방송총국国家新闻出版广电总局 궈쟈 신원 추빤 광뎬 쭝쥐과 국가체육총국国家体育总局 궈쟈 티위 쭝쥐은 이름 그대로의 업무를 한다. 국가안전생산감독관리총국国家安全生产监督管理总局 궈쟈 안췐 성찬 젠두 관리 쭝쥐과 국가식품약품감독관리총국国家食品药品监督管理总局 궈쟈 스핀 야오핀 젠두 관리 쭝쥐도 외국계 기업의 구조와 업종에 따라 관련이 많을 수밖에 없다. 국가통계국国家统计局 궈쟈 퉁지쥐은 통계청의 역할을, 국가지적재산권국国家知识产权局 궈쟈 즈스 찬췐쥐은 특허 권리发明专利 파밍 좐리, 실용신안 권리实用专利 스용 좐리, 디자인 권리外观设计专利 와이꽌 셔지 좐리 등의 업무를 담당한다. 국가여행국国家旅游局 궈쟈 뤼여우쥐은 이름 그대로 여행·관광 정책을 관할한다.

기타 국무원 직속 사업 단위直属事业单位 즈쑤 스예 딴웨이를 보자. 관영 통신사인 신화통신사新化通讯社 신화 퉁신셔가 있다. 중국과학원中国科学院 중궈 커쉐위엔은 기초과학 분야에서, 중국사회과학원中国社会科学院 중궈 셔후이 커쉐위엔은 사회과학 분야에서, 중국공정원中国工程院 중궈 꽁청위엔은 응용과학

기술 분야에서 각각 원로 학술 연구 자문기관인 싱크탱크의 역할을 맡고 있다. 회원 학자를 원사院士 위엔스라고 부르며 우대해준다. 중국증권감독관리위원회中国证券监督管理委员会 중궈 정췐 젠두 관리 웨이위엔후이, 중국보험감독관리위원회中国保险监督管理委员会 중궈 바오셴 젠두 관리 웨이위엔후이도 있다.

당이 이끄는 중국

행정부에 이어 의회와 당을 알아보자. '중화인민공화국 전국인민대표대회全国人民代表大会 췐궈 런민 따이뱌오 따후이'가 의회이자 입법기관으로, 이를 전국인대 또는 인대人大 런따라고 부른다. 1954년 제1계届제를 시작으로, 5년 임기의 전국 인민 대표와 인대의 상설 기구인 인대 상무위원이 선임되는데, 인대는 1년에 한 번 열린다. 그리고 상무위원들이 모여서 보통 2개월에 한 번씩 상무위원회를 연다. 이 상무위원장이 우리나라의 국회의장 격이 되는데, 국가 서열 2위 또는 상황에 따라 3위가 된다.

인대를 최고 권력기관이라고 부르는 이유는 인대에서 국가 수반인 국가주석을 선출하는 모양을 갖추기 때문이다. 국가주석은 연임해서 대개 10년간 재임한다.

실질적으로 중국은 중국공산당中国共产党 중궈 꿍찬당이 이끌어간다고 해도 과언이 아니다. 유명한 중공 1대中共1大 중궁이따, 즉 '중국공산당 제1차 전국대표대회'는 1921년 상하이에서 열렸고, 5년에 한 번씩 개회

된다.

이 중국공산당의 중앙위원회가 바로 널리 알려진 '당중앙' 또는 '중앙'이다. 중앙위원회는 전국대표대회에서 선출되고, 5년 동안 5~7 차례 전체 회의를 해서 중요 사안을 의결한다. 예를 들어 중국의 개혁개방을 의결한 1978년 회의는 중국공산당 제11계屆제 3중전회中全숲중췐후이다. 3중전회는 중앙위원회 제3차 전체회의의 줄임말이다. 5년에 한 번씩 계屆제가 바뀌니까, 3중전회 다음은 4중전회, 5중전회가 열리게 되는 것이다.

중국공산당 중앙위원회 정치국 총서기가 통상 국가주석을 맡게 되어 있다. 중앙 정치국 회의는 한 달에 한 번씩 열린다. 그리고 총서기와 6~7명의 상무위원으로 구성된 중앙정치국 상무위원회가 바로 중국집단 지도 체제의 핵심이라고 할 수 있다. 이 집단 지도 체제의 상무위원들이 각각 외교적으로 국가를 대표하기도 한다.

중국공산당 중앙군사위원회 주석 역시 국가주석이 겸임하는 것이 관례다. 중앙군사위원회는 중국인민 해방군을 실질적으로 관장한다. 건군 기념일은 8월 1일이다. 사법부는 최고 인민 법원이고, 최고 검찰기관은 최고 인민 검찰원이다.

다음으로는 중국에만 있는 중국인민정치협상회의中国人民政治协商会议중궈 런민 정즈 셰상 후이이에 대해 알아보자. 줄임말로 인민정협人民政协런민 정셰라고 한다. 이 기구는 중국인민의 애국 통일전선 조직으로서의 사명을 띤다고 되어 있고, 정협 주석은 국가 서열 4위에 해당한다. 정협은 1949년 신중국이 생길 때 중국공산당 이외의 당파, 이른바 각 민주당파, 무당파, 민주 개인인사, 각계 애국 인사를 포용하기 위해 만들었다고 한다. 다당제를 표방한 협의체 기구라고 할 수 있다.

정협과 인대를 양회兩會 량후이라고 해서 같은 시기에 연이어 치른다. 정협 위원에는 기업인과 연예인도 속해 있다. 영화배우 성룽청룽과 영화감독 *천카이거* 같은 이들이다.

중국의 공무원

중국 공무원의 숫자는 인구 대비 많은 편이다. 앞에서도 말했지만 중국의 젊은이들에게 공무원은 인기 있는 직업이다. 그렇지 않아도 대졸자 숫자는 늘어만 가고 경제성장률은 낮아지면서 좋은 일자리 구하기가 만만찮다. 공무원은 대우와 복리도 좋고 직업 안정성도 높다. 취업자의 부모도 공무원이 되기를 권한다. 집안에 힘 있는 공무원이 있어야 마음 든든하다고 여기기 때문이다.

요즘 공무원 시험의 경쟁률은 100 대 1을 오르내린다. 중국에서 역사적으로 수나라 이전까지는 신분에 따른 관직 선발이 위주였고, 부분적으로 간단한 구술시험을 통한 인재 등용은 이루어졌다. 수·당과 남송을 거치며 과거제가 정착됐다. 개혁 개방 이후에는 1990년대에 시험이 시작되었다. 보통은 매년 국경절이 지나면서 시험 공고가 나붙고, 11월 말에서 12월 사이에 필기시험을 치른다. 수백만 명이 시험을 치르니까 국가적 행사다.

중국에서는 공무원과의 *꽌시*가 좋으면 비즈니스에 큰 도움이 되는 것이 거의 상식처럼 여겨진다. 공무원이 힘이 있기 때문에 규정 적용을 자의적으로 하는 사례도 볼 수 있다. 예를 들어 공공 용지를 개발할 때 골프장과 그 코스 옆의 빌라촌 동시 개발은 불허한다는 규정이 새롭게 생겼다. 그런데 *윈난*성에서는 어떤 공무원이 골프장과 빌라촌을 체육 공원이라는 이름으로 부동산 개발업자에게 인가해준 일이 있었다. 거꾸로 규정상 아무 문제가 없는 사안도 담당 공무원이 틀어버리면 진행이 불가능한 경우도 많다. 담당 공무원이 협조를 하고 싶지 않을 때 상투적으로 하는 말이 유관 부문 협의가 되지 않았다는 얘기다. 중국에서 비즈니스하는 사람이나 새롭게 진출하려는 기업이라면 반드시 명심해야 할 사항이다.

공무원의 비리에 대한 *웨이보* 등을 통한 고발과 공론화가 많아지면서 공무원의 직무 기강에도 변화가 일어나고 있다. 당국에서도 오히려 *웨이보* 여론을 중·하위직 사정의 도구로 간주하고 있다. 새로운 지도부는 공직 기강 확립이 체제 안정에도 반드시 필요하다고 판단하여 공무원의 행동을 단속하고 나섰다. 공무원의 관용차 경비, 출장 경비, 판공비 등 소위 '3공 줄이기'를 공식화한 것이다. 더불어 음식물 남기지 않기 캠페인을 뜻하는 빈 접시 운동光盘行动꽝판 싱둥 류의 근검절약을 강조하니 고급 식당과 고가의 주류 매출이 급격히 떨어졌다. 기업인을 비롯한 민간인들의 공무원 접촉도 함께 위축된 것으로 보인다. 당국은 고급 식재료인 제비집燕窩옌워, 상어 지느러미鱼翅위츠, 전복鲍鱼빠오위의 중국 내 매출액 하락률까지 발표해가며, 이를 강력하게 단속하고 있는 형국이다.

지역으로 살펴본
중국

    중국에 진출한 글로벌 브랜드 중에는 지방에서 마케팅을 먼저 한 후에 대도시로 진출하는 사례가 반대의 경우보다 조금 더 많았다. 이 경우에는 지방 마케팅이 본격적인 마케팅에 앞선 테스트 마케팅의 역할까지 하는 셈이다. 한편 전국을 대상으로 마케팅을 할 것인지, 특정 지역을 대상으로 마케팅을 할 것인지도 중요하다. 여기서 특정 지역이라고 하면 일부 지방을 뜻할 수도 있고, 농촌을 제외한 도시 지역을 뜻할 수도 있다. 중국은 땅이 넓고 민족이 다양해서 지역적 특성이 강하다. 예를 들어 지역별로 고객들이 선호하는 판촉물도 다르다.

    중국 마케팅에 관한 연구들을 보면 중국은 하나의 시장이 아니라 지역별로 아주 다른 시장이므로 다르게 보아야 한다는 관점이 대세다. 그렇지만 여기에는 두 가지 문제점이 있다. 첫째, 중국이 지리적으로 광활하고 지역적 특성이 다르다고는 하나, 교통·교육·문화·IT 측면에서 급속하게 단일화되고 있는 추세를 지나치게 간과하고 있다. 중국은 엄청나게 늘어나고 있는 고속철도高铁 까오톄, 준고속철도动车 뚱처, 국내선 항공망, 고속도로망이 지역 간의 물리적 거리 개념을 좁혀주고 있다. 그리고 중국 당국의 강력한 표준화 교육은 언어·문자·소수민족 개념보다 상위에 있다. 방송·인터넷·통신과 각종 문화는 전국의 젊은이들을 빠르게 비슷한 문화권으로 엮어준다. 또한 세계와의 각종 교류와 영향으로 인한 중국시장의 글로벌화 추세도 지역적 특색을 약화시키고 있다.

둘째, 중국은 하나의 시장이 아니라 지역별로 아주 다른 시장이므로 다르게 보아야 한다고 하면서도, 구체적으로 무엇이 어떻게 다른지에 대한 분석은 너무 빈약하다. 중국에는 "삼 리만 가도 풍속이 다르다三里不同风五里不同俗 싼리부퉁펑 우리부퉁쑤."라는 말이 있다. 그리고 "안후이 사람은 검소하고 학문을 숭상한다俭朴尚学 젠푸 샹쉐."든지 "푸젠 사람은 도전 정신이 있다敢拼 깐핀."든지 하는 식으로 각 지방 사람들을 묘사하는 말도 많다. 전통적으로 지역 간 생활과 관념의 차이가 크다는 의미다.

음력 5월 5일인 단오는 초나라의 충신이자 문학가인 굴원屈原 취위엔이 억울하게 자살한 날을 민중들이 기려 시작된 명절이다. 민중은 쭝즈粽子떡을 강물에 뿌려 물고기들이 굴원의 시신을 못 먹게 했다 하고, 용배龙舟 룽저우를 타는 전통도 그의 시체를 빨리 찾기 위한 의식이었다. 지역 간 전통의 차이의 예를 들자면, 명절 단오가 되면 남쪽과 북쪽이 노는 방법도 먹는 음식도 다르다. 남쪽은 용배를 타고 창포菖蒲 창푸를 문에 내걸고 쑥뜸艾灸 아이타오을 뜨고 짠맛의 쭝즈떡咸粽 셴쭝을 먹는다. 북쪽에서는 버드나무 아래에 모여 시를 읊고踏柳 타리우, 독을 상징하는 지네 등 5가지 그림과 동전五毒铜钱 우두 퉁첸을 달고 다니고 단맛의 쭝즈떡甜粽 톈쭝을 먹는다. 중국 각 시장의 지역적 특색이 약화되고 있는 추세에도 불구하고, 지역별로 강력한 전통이 존재한다는 얘기다. 그러므로 중국 각 지역 특성의 전통을 다양한 관점에서 구체적으로 알아볼 필요가 있다.

중국의 권역 구분

중국은 지리적으로 서쪽이 높고 동쪽이 낮다. 서쪽의 고원, 고산지, 분지가 대략 국토의 3분의 2를, 동쪽의 평원, 저산지와 구릉이 3분의 1를 차지하고 있다.

중국은 각 지역으로 묶어 화북华北 화베이, 화동华东화둥, 화중华中화중, 화남华南화난, 동북东北 뚱베이, 서북西北시베이, 서남西南시난의 7개 권역으로 나눌 수 있다. 이 권역 구분을 활용하는 조직에 따라 화중을 빼고 6개 권역으로 할 때도 있고, 서북과 서남을 묶어 서부라고 할 때는 5개 권역이 되기도 한다. 상황에 따라 각 권역에 포함시키는 성이나 자치구가 달라지기도 한다.

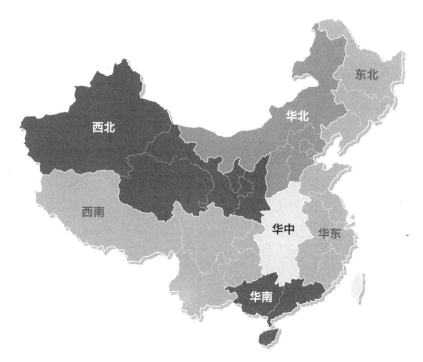

:: 중국의 7개 권역 구분 지도

다음은 가장 대표적으로 사용되는 권역 구분이다. 화북은 *베이징*,
*톈진, 허베이, 샨시*山西*, 네이멍구*다. 네이멍구는 동서로 길이가 길기
때문에 서북에 포함될 때도 있고 동북에 포함될 때도 있다. 화동에는
*상하이, 쟝쑤, 저쟝, 안후이, 푸젠, 쟝시, 산둥, 타이완*이 속한다. 화
중은 *후베이, 후난, 허난*이다. 화남은 *광둥, 광시, 하이난, 홍콩, 마카
오*다. 동북은 *랴오닝, 지린, 헤이룽쟝*이다. 서북은 *샨시*山西*, 깐쑤, 칭
하이, 닝샤, 신쟝*이다. 서남은 *충칭, 쓰촨, 윈난, 꾸이저우, 시짱*이다.

중화, 중원

중국문화를 이해할 때 중원中原중위엔의 지리와 개념을 알면 도움이 된다. 중원은 중국인들이 중화 민족의 발원지, 중화 문명의 발상지, 한자 문화와 성씨 문화가 시작된 곳으로 알고 있는 황허 중·하류 일대다. 옛날 지도로 중원을 구분하자면 허난성을 중심으로 허베이성의 남부, 샨시성의 남부, 샨둥성의 서부, 안후이성의 북부, 쟝쑤성의 서북부까지 포함되지만, 쉽게 허난성만을 중원이라고 얘기하기도 한다. 허난성에는 꿍푸功夫로 널리 알려진 소림사, 용문 석굴龙门石窟이 있다. 이 지역에 주周, 한汉, 위魏, 진晋, 송宋 등 20여 개 나라가 정도定都했다. 낙양의 종이 값으로 입에 오르내리는 뤄양洛阳, 개봉의 청명상하도清明上河图로 유명한 카이펑开封, 은허殷墟의 안양安阳이 대표적인 중원의 고도古都다.

성진과 향촌

중국에서는 도시를 통칭 성진城镇청쩐이라고 하고 시골은 향촌乡村샹춘이라고 한다. 최근의 중요한 화두인 도시화를 청쩐화라고 부르는 이유다.

중국의 지방 행정단위는 다소 헷갈리게 되어 있다. 왜냐하면 3단계 행정단위라고 되어 있으면서 실질적인 운용은 4단계로 하기 때문이다. 그 내용을 알아보자.

3단계 행정단위와 일치하는 곳은 베이징, 상하이, 톈진, 충칭의 4개

:: 중국의 중원 개념도

직할시와 *하이난성* 정도다. 나머지 대부분 지역은 실질적으로 4단계 행정단위로 돌아가고 있다. 먼저 3단계 단위를 살펴보자.

가장 상위의 제1단계는 성省성급이다. 직할시直轄市 즈샤스, 자치구自治区 쯔즈취도 같은 급이다. 제2단계는 현县센급이다. 직할시에 있는 구区취, 현급시县级市 셴지스, 자치현自治县 쯔즈셴도 같은 급이다. 제3단계는 향乡샹급이다. 길 이름인 가도街道 제따오, 진镇쩐, 민족향民族乡 민주샹도 같은 급이다.

실질적으로는 제1단계와 제2단계의 중간에 1.5단계 개념으로 지급
시地级市띠지스가 존재한다. 자치주自治州쯔저우도 같은 급이다. 그래서
지급시 안에 현이 있는 경우가 많다. 한편 향 밑의 시골에 가면 각 마
을의 전통적인 이름村춘이 있다.

1선과 6선

중국에서는 공식적인 지방 행정단위와는 별개로 1선 도시, 2선 도
시 등으로 부르는 구분법을 자주 듣게 된다. 사실 이 개념은 부동산
업자들이 만들어냈다고 알려져 있다. 전국의 도시를 발전 정도와 부
동산 가격에 따라 1선 도시에서 5선 도시까지로 구분했다. 때에 따라
서는 6선 도시까지 정의하기도 한다. 이 개념을 많은 본토 기업들과
외국계 기업들도 활용하고 있다. 1선 도시에 대한 정의는 대개 *베이
징, 상하이, 광저우, 선전*의 4곳으로 일치한다. 그러나 2선 도시부터
6선 도시까지의 리스트는 그 사용 주체에 따라 각기 다르다.

북방과 남방

중국의 지역별 특성에 관해 외국인이 쓴 글로는 아마 중국의 북
방北方베이팡과 남방南方난팡의 차이를 다룬 것이 가장 많을 것이다. 이에
대한 중국인들의 언급과 연구도 상당히 누적되어 있다. 작가 *린위탕*
도 1920년대에 꽤 자세하게 묘사했을 정도다. 그렇지만 *린위탕*도 당

시 이미 중국 내 교통의 발달로 그 차이가 사라지고 있다고 얘기했을 만큼 이제는 그 차이가 퇴색되었다.

여기서 논의되는 북방은 쟝쑤성 북부, 안후이성 북부를 포함한 중원까지다. 현대의 중국인들도 이렇게 이해하고 있고, 일기예보에서 말하는 북방도 같은 의미다.

역사적으로는 현재의 북방을 더 북쪽에서 온 이민족이 빼앗으면서 원래 거주하던 한족이 남방으로 내려가게 되었다는 것이 공통적인 견해다. 대표적인 이민족의 역사는 선비족의 북위北魏 다. 이들은 내몽골 북쪽의 후룬뻬이얼呼伦贝尔, 흑룡강성 북쪽으로 이어지는 *따싱안링* 大兴安岭에서 남쪽으로 내려와 처음에는 진晉의 *샨시*山西 지역을, 점차 중원까지 차지하게 된다. 이 과정에서 적지 않은 한족 유민이 남방으로 피해 갔다. 북방과 남방은 한동안 그렇게 나뉘어 살다가 수의 통일로 하나의 중국 모습을 갖추었다. 이후에도 북방 지역에는 몽골이 내려와 원나라를, 만주가 내려와 청나라를 세우는 패턴이 계속된다. 후세의 사람들은 북방을 전투적 기질로 특징짓고 남방은 문예에 능하다고 묘사하고 있다.

풍족한 땅, 강남

현대 중국에서 강남江南 쟝난이라고 하면 장강长江 창쟝, 즉 양자강 扬子江 양쯔쟝 하류 이남에서 무이산武夷山 우이산 산맥의 사이에 있는 쟝쑤 일부, 상하이, 저쟝, 안후이 일부, 후베이, 후난, 쟝시 지역을 뜻한다.

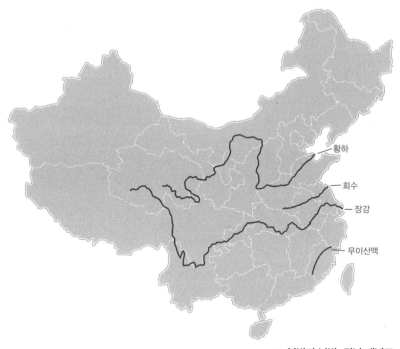

:: 북방과 남방, 강남 개념도

이 중 *쟝쑤, 상하이, 저쟝*만을 따로 떼어 소강남이라고 하기도 한다. 그런데 애초에 진나라와 한나라 시기 중국인들이 일컫던 강남은 장강 중류 이남의 초나라 지역, 그러니까 고대 9주 개념으로는 형주荆州 땅이었다. 지금의 *후베이, 후난, 쟝시*다.

회수淮河화이허는 장강과 황허 사이에 있는 강이다. *쟝쑤*와 *안후이*의 북쪽을 관통하는 이 강의 남쪽이 고대 9주 중의 양주揚州다. 그리고 현재 넓은 의미로 회수 이남을 강남이라고 하기도 한다. 그렇지만 회수 이남 지역은 강남 개념보다는 더 넓게 남방의 개념으로 보는 것이 일반적이다. 중국 일기예보를 보면 황화이黃淮는 황허와 회수 사이 지역, 쟝화이江淮는 장강과 회수 사이 지역, 쟝난江南은 장강 이남을 의미한다. 지리적으로 회수 남쪽의 땅은 충적 토양에 평원과 구릉 위주이고, 저쟝을 지나면서 산지가 나타나기 시작한다. 이 지역은 예로부터 수자원도 풍부하고 물산이 풍족했다.

남수 북조

남수 북조南水北调 난쉐이베이타오 공정은 남쪽 장강의 물길을 돌려서 북방 황허 유역의 부족한 수자원을 보충해보자는 정책에서 비롯된 것이다. 동선, 중선, 서선의 3개 물길이 새로 생겼는데, 이 공정으로 장강 지류 유역의 수자원이 역으로 고갈되는 문제가 발생하고 있다. 남수북조와는 별개의 사업이기는 하지만, 장강을 막아 최대 저수량이 근 400억 톤에 달하는 초대형 댐을 만든 삼협三峽싼샤 공정도 생태계 파괴 논란이 끊이지 않고 있다. 기후 변화 등의 문제는 말할 것도 없고 장강 하구의 동중국해로 나오는 강물의 양과 질이 달라지면서 우리나라 황해의 어획 수준에까지 영향을 끼친다고 보고되고 있다.

경항京杭 징항 대운하는 남쪽의 물길과 북쪽의 물길을 연결하여 항운을 하려는 목적으로 수나라와 당나라 때 일차 완성했던 것을 원·명·청 왕조를 거치면서 보수하고 증설한 것이 총연장 1,700여 km에 이른다. 베이징에서 항저우까지의 운하는 톈진, 허베이, 산둥, 쟝쑤, 저쟝을 통과하고, 그 사이에 황허, 회수, 장강, 전당강钱塘江쳰탕쟝 수계를 거친다.

난방 논쟁

공난供暖꿍놘은 북방 주민의 겨울 난방을 위해 공급하는 난방 방식이다. 겨울철에 따뜻하게 지낼 수 있는 반면 석탄을 많이 때니까 대기오염의 주범이 되기도 한다.

공난을 할 때 북방과 남방을 나누는 기준은 이렇다. 먼저 각 지역별로 가장 추운 달의 평균 기온, 가장 더운 달의 평균 기온, 하루 평균 기온이 영상 5도와 25도 사이에 들어가는 날의 총수를 계산한다.

그래서 중국 전역을 매우 추운 엄한严寒옌한, 한랭寒冷한렁, 여름에 덥고 겨울에 추운 하열동냉夏热冬冷샤러뚱렁, 여름에 덥고 겨울에 온난한 하열동난夏热冬暖샤러뚱놘, 온화温和원허의 5개 지역으로 구분한다. 1950년대부터 시작된 공난은 당국의 기준에 따라 대상 지역이 정해졌다. 문제는 공난이 없는 하열동냉 지역이다. 10여 개 성과 직할시가 여기에 포함되는데, 기본적으로 건축할 때 난방시설을 갖추지 않았기 때문에 겨울에 무척 춥다. 특히 강남 지역은 겨울에 습하면서 춥기 때문에 몸으로 느끼는 추위는 온풍기 정도로는 해결이 되지 않고 대개 건물 안이 바깥보다 더 춥다고들 한다.

겨울에 웨이보에는 공난을 요구하는 하열동냉 지역 사람들의 민원이 빗발친다. 그렇지만 당국은 요지부동이다. 북방 기준으로 이 지역에 공난을 하게 되면 해마다 2,500만 톤가량의 석탄이 더 필요하게 되어 기존 북방 공난 소모량의 15~20%를 더 써야 하고, 이산화탄소와 이산화황의 배출량이 늘어 국제 환경 기준을 달성할 수 없다는 것이 그 대답이다. 이 상황을 알면 우리나라 보일러 회사들이 하열동냉 지역에서 열심히 마케팅을 해야 할 이유가 보인다.

경제특구, 서부 개발

1840년대 초 아편전쟁에서 패배한 청나라는 홍콩을 영국에 할양하게 되고, 남경조약에 따라 상하이上海, 닝보宁波, 샤먼厦门, 광저우广州, 푸저우福州의 다섯 항구를 개항했다. 그리고 세월이 흘러 1978년의 개혁 개방에 이은 경제 재건을 위해, 중국은 샤먼厦门, 선전深圳, 주하이珠海, 샨터우汕头 4개의 연해 도시를 경제 특구로 지정했고, 1988년에 하이난海南이 추가되었다.

이러한 '특별구역' 개념은 이후 시장경제 체제의 중국경제 발전과 외국자본 유치에 견인차가 된다. 1984년에는 상하이, 닝보, 원저우, 롄윈강连云港, 난퉁南通, 푸저우, 광저우, 잔장湛江, 베이하이北海, 따렌大连, 친황다오秦皇岛, 톈진天津, 옌타이烟台, 칭다오青岛 등 14곳의 연해 경제기술 개발구를 지정했다.

덩샤오핑은 그래도 대외 개방이 부진하다고 판단하고, 1990년대 초 상하이 푸둥浦东 신구를 시작으로, 국가가 지원하는 국가급 신구를 건설하기 시작했다. 1994년의 톈진 빈하이濱海 신구, 2010년에는 충칭 량쟝兩江 신구, 2011년 저쟝 조우샨舟山 군도 신구, 2012년 깐쑤 란저우쓰州 신구, 그리고 2012년 난샤南沙 신구까지 이어졌다.

각지에 보세 구역도 생겨났다. 제1호 보세구는 1990년 지정된 상하이 와이까오챠오外高桥 보세구로, 중국 최대의 보세구이기도 하다. 상하이 양샨洋山항 보세 항구는 수심이 얕은 상하이 근해의 자연 조건을 극복하기 위해 중국인들이 건설한 초대형 프로젝트다. 상하이 푸둥에서 바다를 건너는 연장 32킬로미터의 동해대교를 건설하고 저쟝성 양샨도에 컨테이너 항구를 만들었다. 이 밖에도 푸둥 공항 종합 보세구 등 각지에 수출 가공구, 보세 물류원구가 생겼다.

과경 공업구跨境工业区꽈징 꿍예취는 1국 2체제 개념의 주하이-마카오 사이에 2003년 비준되었다. 이와는 달리 변경 협력구边境合作区뺀징 허쭤취는 국경 도시에 지정되었다. 북한 신의주 너머에 딴둥丹东, 러시아와의 사이에 만저우리满洲里, 헤이허黑河, 수이펀허绥芬河가 있고, 훈춘琿春은 북한, 러시아를 모두 상대한다. 2013년에는 자유무역 시범 구역 1호로 상하이가 지정되었다.

2010년 양회两숲량후이에서 신쟝 웨이우얼족 자치구 카스喀什가 여섯 번째 경제특구로 추가되었다. 키르기스스탄, 타지키스탄 접경 지역에 위치해 있어서 중국의 서대문이라고 불리는 이 곳은 국제무역의 잠재력을 평가받았다. 또 하나의 목적은 웨이우얼维吾尔 민족 문제를 해결하는 것이다. 이슬람 종교 문제도 겹쳐 있는 이 지역의 경제개발과 민생 안정이 중요한 과제로 떠올랐기 때문이다.

신장과 티베트

신쟝 웨이우얼족 자치구의 우루무치를 지나 카자흐스탄을 거쳐 유럽으로 이어지는 기찻길이 2011년에 개통됐다. 중국인들은 이 기찻길을 아주와 구주의 통로라고 해서 야오우 퉁다오亞歐通道라고 부른다. 원래 이 길은 당나라의 실크로드가 원조다. 실크로드는 당나라 장안, 즉 지금의 시안에서 출발해서 깐쑤성의 긴 하서 회랑河西走廊과 옥문관玉门关, 그리고 우루무치를 거쳐 유럽으로, 또는 카스, 키르기스스탄, 타지키스탄의 파미르 고원을 거쳐 아랍과 북아프리카까지 가는 길이다. 개혁과 개방 이후 동남부 연해 도시를 시작으로 경제발전을 이루어온 중국이 서쪽으로 뻗어가려는 상징적인 길이다.

티베트로 서방인들에게 더 알려진 시짱西藏도 신쟝처럼 종교 문제와 민족 문제가 겹쳐 있는 지역이다. 자치구의 구도는 라싸拉萨고, 라싸에는 달라이라마가 있는 포탈라布达拉부다궁이 자리 잡고 있다. 티베트의 전체 면적은 120만 km²에 달하는 반면, 인구는 300만 명 정도에 불과하다. 이러한 티베트도 신쟝과 함께 중국 서부 개발정책의 대상이다.

이 서부 개발 대상의 거점 지역은 샨시陕西, 쓰촨四川, 충칭重庆이라고 할 수 있다. 그중 서부 개발의 주도권을 잡기 위해 샨시의 시안西安, 쓰촨의 청두成都, 충칭이 경쟁하고 있다.

현재 시안西安과 시안 공항이 있는 함양咸阳 부근이 당나라 때 도읍지 장안长安이다. 진시황릉으로도 유명한 장안은 서주西周, 진秦, 한汉, 수隋, 당唐 등 20여 개 왕조가 1,200년 동안 정도定都했던 곳이다. 명나라 때에 가서야 시안이라는 이름이 생겼다. 융성했던 당나라 때 국제사회와의 무역 등 교류가 활발했다. 유학생도 답지했다. 시인 이백李白은 세계 각지에서 사절단이 온다고 썼고, 두보杜甫는 나라의 안정과 융성이 이루어졌다고 했다. 장안의 인구는 100만 명이 넘었다고 하며 그중 외국인이 2만 명 정도였다고 전해진다. 당시 당나라 인구가 대략 8,000만 명이었다고 하니 14세기가 되어서야 8,000만에 다다랐다고 하는 유럽과 비교해보면 그 크기를 짐작할 수 있다.

중국 사람들은 당나라에 대한 자부심을 갖고 있다. 당이라는 이름에는 한汉과 함께 중국에 대한 대표성이 들어 있다. 당시唐诗도 유명하다. 해외의 중국인 거주 지역을 당인가唐人街탕런졔라고 하고, 남자들이 입는 중국옷을 당장唐装탕좡이라고 부른다. 무술 영화에도 자주 등장하는 옷이다. 그런데 이 옷은 사실 당나라 때의 옷이 아니고 뒤에 나타난 북방 만주 민족의 복식이다. 그런데도 이름은 당장이 되었다.

중국인의 옷 이야기가 나온 김에 조금 더 옷에 대해 알아보자. 중화민국 시기에 널리 퍼져 중국 여성을 대표하는 옷이 된 치파오旗袍 역시 북방 만주족 계열의 복식이 변형된 것이다. 여성미를 강조하는 쪽으로 바뀌었다. 손중산孙中山쑨중산, 쑨원이 즐겨 입었던 중산장中山装중산

좡은 *마오쩌둥*도 좋아했다. 그래서 서양인들은 이 옷을 *마오좡*毛裝이라고 불렀고, 일본인들은 이 옷에 인민복人民服 런민푸이라는 이름을 붙였다. 북한의 정치인들도 이 옷을 입는다.

당나라는 20여 명의 황제가 통일 국가를 유지했다. 당고조 이연은 노자의 후손이라고 전해지고, 당 태종 이세민 때 정관지치貞观之治로 흥했다. 중간에 측천무후가 낙양으로 천도하고 무주武周로 이름을 바꿨지만 당 중종 때 장안으로 돌아오면서 당나라를 회복했다. 당나라 이야기의 하이라이트는 당 현종 이융기다. 개원성세开元盛世라는 태평성대를 유지하던 그는 양귀비를 만난 50대에 분수령을 맞았다. 여자를 가까이한 그의 아이를 낳은 비첩만 무려 24명이었다고 한다. 결국 안록산과 사사명 등의 안사의 난 이후 당 현종은 쓰촨으로 피신하게 되고, 당나라도 서서히 쇠락의 길로 접어든다.

*시안*의 *산시*를 포함한 서부 지역은 중국 면적의 70%를 차지하나, 인구는 전체의 4분의 1 정도다. 석유와 천연가스 등 자원은 있지만 개혁 개방에서 소외된 지역이었다. 이러한 서부 개발을 2000년부터 2050년까지 50년간 하겠다는 것이 당국의 계획이다. 이런 와중에 *산시*, *쓰촨*, 충칭이 서부 개발의 거점 지역이 되고자 경쟁하고 있다. 그리고 이들 지역에는 인텔, IBM, 휴렛패커드, 델, 폭스바겐, 도요타 등 글로벌 기업들과 한국 기업들이 속속 진입하고 있다.

수도 베이징과 국제도시 상하이

*베이징*은 중국의 수도다. 원래 이 지역은 주나라 때 북쪽 제후국인 연燕의 도읍지였다. 그래서 지금 *베이징*에서 나오는 맥주가 연경燕京 옌징맥주다. 여진의 금나라는 *베이징*으로 천도했고, 몽골이 원나라를 세웠을 때 중국의 수도가 *베이징*이다. 이후 한족이 세운 명나라는 처음에 남경南京난징을 수도로 삼았다가 나중에 *베이징*으로 옮겼다. 그러고는 만주의 청나라 때까지 수도 *베이징*이 이어졌다. 1911년 공화제 혁명이 일어난 뒤 중화민국 역시 초기에는 남경을 수도로 정했으나 북양 군벌 원세개袁世凱위엔스카이가 총통이 되면서 *베이징*으로 천도했다.

*베이징*은 중국정치의 중심이다. 그중에서도 중심은 중남해中南海중난하이로, 국가주석이 거주하고 중국공산당 당 중앙과 국무원 사무실이 있는 곳이다. 아름다운 풍광의 중해와 남해 호수를 끼고 있는 이곳은 원래 봉건 왕조의 행궁 자리였다. 이후 원세개가 여기에 살았다.

시간도 *베이징*이 중심이 된다. 중국은 드넓은 땅임에도 시차가 없고, 전국이 *베이징* 시간으로 통일되어 있다.

*상하이*는 중국 최대의 도시이자 국제도시다. *상하이* 항의 물동량은 세계 1위이고 2013년 *상하이* 지역은 중국 최초의 자유무역 지대로 지정되었다. 증권시장을 중심으로 한 금융 허브이자 글로벌 기업들의 중국 거점이기도 하다.

*상하이*는 아편전쟁 이후 외국에 개방되었다. 지금도 황포黄浦황푸 강변 *와이탄*外滩의 미국, 영국 공동 조계租界쭈제 지역을 가보면 19세기

후반부터 20세기 초반 사이에 지어진 각양각색 건축양식의 50여 개 건물들이 조명을 받아 아름답게 빛난다. 황포강은 장강이 동중국해로 나가기 전에 합쳐지는 마지막 지류다. 황포강 건너편은 마천루가 즐비한 푸둥이다. 그중에 동방명주東方明珠 둥팡밍주 탑이 있다. 이 탑에는 장강 삼각 경제권의 머리를 상징하는 여의주가 11개 있는데, 2개의 큰 구슬과 9개의 작은 구슬이 엮어져 있다.

와이탄 뒤편에 박물관, 미술관과 공원이 들어서 있는 인민광장은 조계 시절 경마장이었다. 지하수가 풍부하고 따뜻해서 나무가 사시사철 푸른 *상하이*지만 플라타너스는 겨울에 잎이 진다. 프랑스 조계 지역에 가면 그 시절 심어놓은 아름드리 플라타너스가 늘어서 있다. 중국인들은 이 나무를 프랑스 벽오동法国梧桐 파궈 우퉁 / 法桐 파퉁이라고 부른다.

*상하이*에는 대한민국 임시정부가 있었다. 한국 천주교와의 인연도 깊은 곳이다. 김대건은 *상하이* 푸둥 *진쟈강*金家港 성당에서 한국 최초의 신부로 서품되었다.

동북아의 교차로, 동북

중국의 동북 3성은 흑룡강성, 길림성, 요녕성이다. 혹은 내몽골이 동북에 포함되기도 한다. 북한, 러시아와 접경하고 있고 몽골과도 교역이 있다. 이 지역은 신중국 초기에 중공업이 발달했던 곳이지만, 개혁 개방 이후 뒤처지기 시작했다. 그래서 당국은 동북 진흥 공정으로 경제를 일으키려 하고 있다.

먼저 황해 쪽을 보자. 신의주 건너편의 요녕성 *딴둥*丹东이 주목받고 있다. *딴둥*은 신의주와의 변경 협력구边境合作区 다. 신압록강대교도 건설하고, 압록강 하구 북한의 황금평, 위화도 두 섬도 활용 대상이라고 한다. *딴둥*을 중심으로 요녕성 성도인 *선양*沈阳까지, 그리고 *딴둥*에서 *따롄*大连까지는 2개의 고속철도로 연결된다.

이세 동해 쪽을 보자. 길림성 창지투 개발 개방 구역이 눈에 들어온

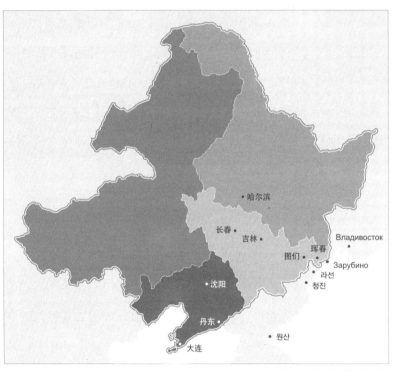

:: 동북 3성과 북한, 러시아

다. 길림성의 성도인 창춘长春과 지린吉林, 투먼图们을 잇는 개발 계획이다. 투먼에서 두만강과 만나게 되는데, 두만강 하류로 따라 내려가면 훈춘琿春이 나온다. 일개 작은 현급시 훈춘이 동북아의 교차로가되었다. 지린에서 투먼을 거쳐 훈춘까지 고속철도가 기존의 8시간 길을 2시간으로 단축시킨다.

왜 중국은 이렇게 훈춘에 투자를 하고 있을까? 먼저 훈춘 앞에 북한과 러시아 국경이 있다. 3국 무역이 가능하다는 얘기다. 러시아 쪽은 핫산Хасан이 코앞에 있고, 블라디보스토크Владивосток로 연결된다. 북한 쪽으로는 나진, 선봉, 그러니까 나선항을 지나 청진으로이어진다. 둘째는 동해로의 진출이다. 중국은 훈춘 앞에 국경이 막혀있다. 불과 수십 km만 더 가면 동해가 나오지만, 중간에 북한과 러시아 땅이 있다. 나진 선봉 경제 특구의 항구를 쓸 수 있다면 동해로 진출하는 것이다.

그래서 길림성 훈춘에 국제협력 시범구를 지정했다. 3국 무역·물류·관광를 위해 무비자 협정도 체결했다. 중국-조선 경제협력구와중국-러시아 경제협력구를 만들었다. 훈춘에서 나선까지 철도와 도로를 놓고, 전력망도 공급된다.

러시아도 극동 개발부를 신설하고 이 지역 개발에 박차를 가하고있다. 중국뿐만 아니라 한국, 일본과의 협력 계획도 추진하고 있다. 특히 러시아가 공을 들이는 곳은 역시 나진, 선봉이다. 핫산부터 나선까지 철도 보수를 완료했고 송전망 계획도 있다. 러시아에게 블라디보스토크-핫산-나선-청진으로 이어지는 라인은 정치적·군사적·경제적 의미가 깊다.

그렇게 보면 중국과 러시아는 동북 지역에서 경쟁 관계인 동시에 협력 관계다. 중국과 러시아의 변경 협력구边境合作区는 훈춘 외에도 더 있다. 네이멍구 후룬뻬이얼의 만저우리满洲里는 끄라스노 아르멘스크Красноарменск와 교역을 하고 있다. 흑룡강성 무단쟝시의 수이펀허绥芬河는 포그라니츄늬Пограничный와, 헤이어黑河는 블라고베쉔스크Благовещенск와 협력 관계다. 이 밖에 흑룡강성 지시鸡西는 달녜레첸스크Дальнереченск와, 쟈무스佳木斯는 하바롭스크Хабаровск와 마주하고 있다.

한국과 중국

한국과 중국의 관계를 다루기 전에, 한반도와 동북아 관련 나라들을 되짚어보자. 그러면 아무래도 더 입체적인 시각으로 바라볼 수 있을 테니 말이다.

흑룡강黑龙江헤이룽쟝에서 중국, 러시아 이야기부터 시작해보겠다. 흑룡강, 러시아어로 아무르Амур강은 중국과 러시아 사이를 동쪽으로 흘러 오호츠크해로 빠져나간다. 백두산 천지에서 발원한 송화松花쑹화강은 퉁쟝同江에서 흑룡강과 만나고, 우수리乌苏里강은 중국과 러시아 사이를 북으로 흘러 하바롭스크Хабаровск에서 흑룡강과 만난다. 이 강

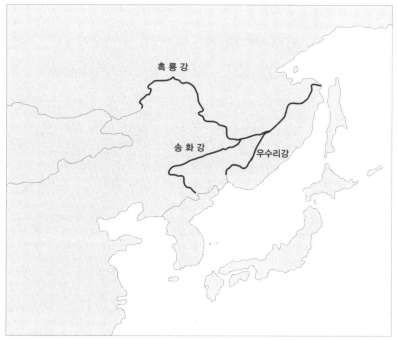

:: 동북아 지도

들의 유역에 부여, 고구려와 발해도 있었으니 우리와도 인연이 깊다.

　1600년대에 청나라와 동진한 짜르 러시아가 이곳에서 만난다. 그리고 1840년대 초 아편전쟁으로 발톱이 빠진 청나라는 결국 1858년 아이훈 조약과 1860년 *베이징* 조약을 통해 우수리강 동쪽 땅을 러시아에게 넘겨주게 되었다. 이 중에 블라디보스토크도 포함되어 있다. 지금은 중국인들이 블라디보스토크를 *푸라디워스튀커*符拉迪沃斯托克라고 부르지만, *하이션와이*海参崴라는 중국 이름도 있는 곳이다. 블라디보스토크는 러시아 태평양 함대의 부동항이자 시베리아 철도의 종착역이며, 2012년 APEC 회의를 통해 러시아가 동북아·태평양에 대한 열의를 드러낸 곳이기도 하다. 러시아는 극동 가스관과 시베리아 철도를 나진 선봉과 청진, 원산뿐만 아니라 한국까지 연결하는 동해안 라인에 관심이 있다. 한국 입장에서도 사실상 섬이 되어 있는 지경地经학적 한계를 극복하고 대륙으로 통하는 방법이 된다.

이제 중국과 일본을 보자. 19세기 후반 한반도에서 두 나라의 패권 다툼은 끊이지 않았다. 갑신정변과 동학농민운동 등의 대응을 평계로 다툼은 더욱 노골적이 된다. 그러나 1894년부터 1895년까지 있었던 청일전쟁의 패배는 중국에게 치명적 아픔이 되었다. 이 청일전쟁의 서막은 아산 앞바다에 서 있었던 일본의 청나라 군함 격침이었다. 한반도가 두 나라의 가운데에 있었고 두 나라는 신의주, 평양, 성환 등 남의 땅에서 자기들의 전쟁을 치렀다.

일본은 1931년 본격적으로 만주 땅에 일본의 괴뢰 정권을 세운다. 일본이 만주국 황제로 내세운 청나라 마지막 황제 푸이溥仪는 나중에 일본이 패전한 뒤 마오쩌둥에게 사면될 때까지 전범으로 낙인찍혀 살았다. 1937년 일본은 베이징 노구교에서 마찰을 일으키고, 이를 빌미로 중화민국 수도인 남경에 침공, 민간인 수십만 명을 학살했다. 장이모张艺谋 감독이 연출하고 크리스찬 베일이 신부로 출연한 〈진링의 13소녀金陵13钗 진링 스싼차이, The Flowers of War〉는 옛 이름 진링, 즉 남경에서 일어난 강간과 학살 등 일본의 극악무도한 만행을 보여준다. 이제 오늘날 일본은 중국이 진격의 거인 모습으로 동해에 나타나는 것을 공포로 바라보고 있다.

다음은 러시아와 일본 이야기다. 을미사변으로 일본에 조선의 황후가 시해당하고, 위협을 느낀 고종이 1896년에 궁을 떠나 러시아 영사관에 몸을 피해 1년을 지낸다. 이것이 아관파천俄館播迁이다. 러시아가 대한제국으로부터 채굴권을 확보하고 블라디보스토크에서 동해와 황해를 돌아 요녕성 *따렌*까지 바닷길을 오가자 일본은 러일전쟁을 일으킨다. 1904년 러일전쟁 중에 러시아 군함 바랴크Варяг가 수장되었던 곳 역시 한반도 인천 앞바다다. 러시아가 1902년 *따렌*에 건설한 것을 일본이 가로챈 여순旅順뤼슌 감옥에 우리 독립투사 안중근, 신채호가 수감되었다가 순국한 역사도 있다.

미국 이야기를 해보자. 미국은 역사적으로, 지정학적으로 일본을 중시한다. 역대 미국 대통령에 따라 한반도가 미국의 안보 라인에서 제외되는 일은 있었어도 일본 열도가 빠진 적은 없다. 그리고 결정적인 순간에는 일본 편에 섰다. 일본은 1895년 청일전쟁 승전 후 청나라와의 배상 문제에서 다른 나라들의 중재를 모두 거절했지만 미국의 제안을 받아들인다. 그리고 1905년에 한반도를 놓고 다투는 러시아와 일본 사이에 중재 역할을 자임한 미국은 일본의 손을 다시 들어주었다. 이에 더욱 기고만장해진 일본은 을사늑약을 통해 대한제국의 외교권을 빼앗았다. 미국과 중국의 수교를 이끌었던 키신저는 그의 책 《중국이야기On China》에서 근대 중국의 지난한 역사를 잘 묘사하기도 했지만, 그 책 한구석에 등장하는 한반도의 고난과 역경은 우리의 처참했던 처지를 극명하게 보여주었다.

이렇게 한반도를 둘러싼 역사를 잠깐 살펴보았다. 이들 네 나라는 아직도 한반도 6자 회담 관련국으로 한반도에 발을 걸치고 있다. 이들 나라는 중국에게 역시 국제 관계의 핵심 상대국이다. 중국과 수교한 날짜순으로 보자. 중국의 건국 기념일, 그러니까 국경절이 1949년 10월 1일인데, 러시아와는 다음날인 10월 2일에 외교 관계를 맺었고 북한과는 같은 해 10월 6일에 수교했다. 일본과의 수교 역사는 의외로 오래되었다. 우리보다 20년 앞선 1972년 9월 29일에 관계를 정상화했다. 미국과는 유명한 핑퐁 외교를 포함해서 접촉 끝에 1979년 1월 1일에 수교했다. 한국과 중국의 국교 수립일은 1992년 8월 24일이다.

역사는 우리에게 교훈을 주고, 지혜를 모아 미래를 준비하라고 한다. 국제 관계에서는 양자 간의 관계도 물론 존재하지만 기본적으로 다자 간의 역학 관계가 크게 작용한다. 이 역학 관계에서 생존하려면 역량이 필요하다. 역량이 없어지는 순간이 바로 존재가 사라지는 순간이다. 오늘날은 경제적 역량의 비중이 매우 크다. 경제적 역량이 없으면 옴짝달싹하기도 어렵다. 그리고 나라 안에서 민주적으로 정치와 사회를 운영하는 역량은 밖에서 국격이라는 이름으로 우리에게 되돌아온다. 한반도의 남과 북이 평화와 번영을 추구하는 문제도 다른 나라의 머리와 손에 의지할수록 남북의 입지는 더욱 작아질 뿐이다.

한중 관계는 과거보다 미래가 더 중요하고 희망적이다. 봉건 왕조

시대는 논외로 하고 초점을 근현대로 좁혀서, 중국의 주요 지도자들이 한반도에 대해 어떠한 관점을 가졌는지 우리는 냉정하게 인식할 필요가 있다. 쑨원과 쟝제스蔣介石는 역사적 조공 관계로, 마오쩌둥은 에드거 스노와의 대담에서 한반도를 중국 세력권 내에 있는 땅이라고 견해를 밝힌 바 있다. 그리고 한국전쟁이라는 역사에서 두 나라는 적대국이었다.

그러나 이제 21세기다. 경제적으로는 FTA 시대를 맞고 있다. 두 나라 국민들 간의 교류도 굉장히 잦아졌다. 서로를 이해하는 사람이 점점 늘어난다는 것은 설령 어떤 문제가 생기더라도 그것을 해결할 수 있게 해주는 버팀목이 존재한다는 뜻이다. 서로를 나타내는 상호相互와 호상互相이라는 말은 순서는 다르지만 의미는 같다. 서로를 더 많이 알아야 한다. 그래야 더 이해할 수 있다.

참고 자료

鲁迅。说面子。鲁迅全集, 人民文学出版社, 1981年。

林语堂。中国人-全译本。学林出版社, 1995年。

林语堂。中国人的生活智慧。陕西师范大学出版社, 2005年。

张梦阳。鲁迅与当代中国。兰州大学学报, 2003年第31卷第5期。

冯智强。林语堂中国文化观的结构与超越。湖北社会科学, 2008年第11期。

朱水涌, 严昕。文化转型初期的一种中国想象。浙江大学学报, 2010年第40券第6期。

钱理群。关于现在中国人的生存和发展的思考。贵州师范大学学报, 2003年第2期。

李乔。关于中国人尚是食人民族。文化学刊, 2007年第3期。

蒋建国。开放、多元与主体重塑: 当代中国消费文化的路向。贵州社会科学, 2012年第3期。

严昌洪。世纪的觉醒-上世纪之交中国人对20世纪的认知。华中师范大学学报, 2001年第40券第5期。

李梓, 蒋志高, 刘俊, 李北方。两岸中国人的孙中山。决策与信息, 2005年5期。

零点调查。中国消费文化调查报告。北京, 光明日报出版社, 2006年。

杨晓燕。中国消费者行为研究综述。经济经纬, 2003年第1期。

刘世雄, 周志民。从时代标准谈中国消费市场细分。商业经济文荟, 2002年5期。

潘庄晨, 潘淑娟。中国消费者能否真正被刺激起来。职业圈, 2007年第21期。

魏冬。易碎者中国中产, 理财(大视野), 2010年10期。

赵占波, 何志毅。中国消费者中外品牌偏好及关键影响因素实证研究。财经论丛, 2009年4期。

高家龙, 王元崇。始于边缘地区的全球化进程: 从历史学家的视角看中国消费文化。

华东师范大学学报, 2010年2期。

王晓辉, 丁庆善。国外对中国消费市场原产地效应问题研究现状。经济纵横, 2010年8期。

吴友富, 章玉贵。中国自主品牌制造业的品牌升级路径。上海管理科学, 2008年2期。

姜智彬。网络品牌传播的比较研究。河南大学学报(社会科学版) 2008年6期。

何海明。中国市场品牌成长路径探索。广告大观, 2012年8期。

刘春航。跨国公司战略与中国本土企业的发展。北京, 中信出版社, 2009年。

李彬。三个原因让外国公司败走中国。世界博览, 2011年7期。

田志龙, 王瑞, 樊建峰, 马玉涛。消费者CSR反应的产品类别差异及群体特征研究。南开管理评论, 2011年14卷第1期。

黄希妍。关于洋超市进入国内商业领域的思考。商业文化, 2012年第4期。

Chang, Kara & Cheng, Hong. Advertising and Chinese Society: Impacts and Issues. Copenhagen Business School Press, 2009.

Chevalier, Michel & Lu, Pierre Xiao. Luxury China: Market Opportunities and Potentials. Singapore, John Wiley & Sons, 2010.

Doctroff, Tom. Billions: Selling to the New Chinese Consumer. Palgrave McMilan, 2007

Wang, Jing. Brand New China: Advertising, Media and Commercial Culture. Harvard Univ. Press, 2008.

Kissinger, Henry. On China. Allen Lane, 2011.

Snow, Edgar. Red Star over China. New York, Lightning Source, 2006.

金淑賢. 中韓国交正常化と東アジア国際政治の変容. 東京, 明石書店, 2010.

세계에서 가장 치열한
협력과 경쟁의 마당, 동아시아로

*상하이*에서 훈춘에 가기 위해서는 연변 조선족 자치주의 중심 도시인 연길까지 비행기를 3시간 정도 타야 하지만, 기차를 선택할 수도 있다. 화동의 한가운데인 *상하이*에서 하루에 한 번 출발해 두만강 하류 도문까지 가는 K2084 열차다. 저녁 6시 반에 *상하이*역을 떠나는 이 열차는 44시간 동안 남경, *산둥성* 제남, 천진, 심양, 장춘을 거치며 광활한 중국 대륙을 달려 이틀 뒤 오후 2시경에 연길 역에 도착한다.

K는 쾌속열차의 이니셜이고, T는 이보다 빠른 특쾌를 나타내며, D는 준 고속열차, G는 고속철로의 줄임말이다. 중국의 철도망 총 연장은 미국과 러시아에 이어 세계 3위 정도지만, *까오톄* 망, 즉 고속철로의 총 연장은 이미 세계 1위가 되었다. 중국은 땅이 넓고 인구가 많으며 자원의 전국 분포가 분산되어 있기 때문에 철도 교통망이 가장 적합

하다는 분석이어서, 고속 철로 네트워크화는 국채를 발행해가며 집행하는 국가적 프로젝트다. 중국 대륙을 4종 4횡 四纵四横 쓰쫑 쓰헝으로 연결하는 *까오톄* 망을 보면, 21세기만큼은 서방 세계에 뒤쳐지지 않겠다는 중국인들의 의지를 웅변하는 듯하다.

까오톄 외에 중국의 상징적인 철도로는 티벳 西藏 시짱을 연결하는 *칭짱 철로* 青藏铁路 가 있다. 중국 서남부에 위치한 티벳에 철도로 접근하려면, *깐수성 란저우*를 거쳐 *칭하이성 시닝*에서 출발하는 전장 2,000km의 *칭짱* 철로를 통해 *시짱* 자치구도 *라싸*까지 가는 길이 유일하다. *시닝*을 출발하는 이 기차는 '푸른 바다'라는 뜻의 *칭하이*호 북쪽 면을 감아 돌고 난 후에, 계속 남하하면서 *탕구라* 唐古拉 산 옆을 지날 때는 이 철로의 가장 높은 지점인 해발 5,072m 지점을 통과하게 되는데, 전체 중에서 대략 1,000km가량의 구간이 해발 고도 4,000m가 넘는 고원의 철도다. 그래서 하늘 철도라 부르기도 하고, 이 철로를 위해 제작된 객차에는 산소공급 장치가 달려 있을 정도다. 외국인이 이 기차를 타고 티벳에 들어가려면 미리 허가증을 받아야 한다. 이렇게 절차가 까다로워도 적지 않은 외국인들이 티벳에 대한 호기심으로 *시짱*을 방문하고 있다. *라싸*에서 서쪽으로 가면 에베레스트 봉 珠玛朗玛峰 주마랑마 펑 북사면의 에베레스트 봉 베이스 캠프 珠峰大本营 주펑 따번잉가 나오는데, 관광지화 된 이곳에서 하루를 묵고 네팔과의 국경 도시인 *장무* 樟木 를 거쳐 네팔로 넘어가는 외국인들도 제법 있다.

중국에서 또 하나의 재미있는 기차를 꼽으라면, 세계 최초로 2003년에 상업화된 자기 부상 열차磁悬浮列车 츠쉬엔푸 리에처가 있다. 상하이 푸둥 공항에서 푸둥 룽양로龙阳路의 국제 전시장 근처까지 30여 km 구간을 궤도 위에 떠서 시속 450km로 달리는 기차다.

전장 9,000km가 넘는 시베리아 횡단 철도가 있는 러시아처럼, 중국의 철도 교통망은 중국의 광활한 크기를 짐작케 한다. 이렇게 광대한 나라를 이끄는 중국 당국이 '중화 민족의 위대한 부흥'과 '중국의 꿈'을 주창하며 변화를 선도하고 있다. 엄연히 시장경제로 변화시켜놓고도 중국 특색의 사회주의 시장경제라고 능치더니, 이제는 경제개발에 따른 사회적 모순을 해결해야 할 거시적 시점이라고 판단하여 싱크탱크와 행정력을 가동하고 있다. 중국은 지금껏 한족 이외의 민족, 그리고 변방 지역의 역사도 자국의 단일한 역사로 융해시켜 왔다. 이러한 응변应变과 변화의 DNA는 일찌감치 고대 주나라의 점 보는 책, 《주역周易》에서부터 찾아볼 수 있다. 궁극의 성공으로 융성한 괘卦과와 효爻야오를 어둠의 시작으로 보았으며, 가장 절망적인 위기, 실패와 시련의 괘와 효를 오히려 희망과 기회가 찾아오는 시점이라한 것이다. 그래서 전국시대에 주역을 해석한 글로 알려진 《계사전》에는 '궁즉변穷则变 치옹저삐엔, 변즉통变则通 삐엔저통, 통즉구通则久 통저지우', 즉 궁극에 달하면 변하고, 변하면 통하며, 통하면 오래 갈 수 있다는 철학이 담겨 있다. 이는 중국인, 특히 국가의 지도층이 거시적, 선행적으로 변화를 관리해가는 모습을 담은 역사라 하겠다. 물론 중국 체제의 구조적 문제를 지적하는 사람도 많다. 웨이보에 올라온 어느 민초의 얘기를 옮겨보자.

"중국 당국은 전 세계 7%의 농경지로 전 세계 22%의 인구를 먹여 살리는 것을 대단하다고 하는데, 진짜 대단한 것은 전 세계 2%의 교육·의료 예산으로 전 세계 22% 인구의 교육, 의료 문제를 해결하는 데 있으며, 더더욱 대단한 것은 전 세계 22%의 인구가 전 세계 50%의 공무원을 먹여 살린다는 데 있다."

전 세계 공무원 통계가 얼마나 정확한지 모르겠기에, 중국 공무원의 숫자가 전 세계 공무원의 50%를 차지하는지의 여부를 알 수도 없거니와, 중국의 특성상 그동안 국유경제를 주도했던 국영 기업과 그 투자조직을 담당하는 인구까지 뭉뚱그린 얘기일 것이다.

그러나 논란에도 불구하고, 지금까지 중국의 변화를 주도하고 중국의 힘을 만들어 낸 추동력의 원천이 중국의 공공부문Public Sector이라는 데는 이론의 여지가 없어 보인다. 문제는 향후 G2 시대에 미국과 경쟁하는 국면에서 어떻게 시민부문Citizen Sector까지 합쳐진 민간부문Private Sector의 역량을 끌어올릴 수 있는가이다. 이것은 중국의 경제뿐 아니라 사회의 발전까지 연결된, 중국 미래를 좌우할 핵심 키워드가 될 것이다.

따라서 현장 비즈니스에 뛰어들어야 하는 입장에서 본다면, 솔직히 지금 당장 두려운 상대는 중국의 민간부문이 아니라 이렇게 주도면밀하고 강력한 중국의 공공부문이다. 과연 우리는 이들과 어떻게 경쟁해야 할까.

중국과 상대적으로 한국이 지금까지의 성장을 이뤄온 주요 동인은 민간부문에서 찾을 수 있다. 자원도 없고 바람 잘 날 없었던 작은 나라에서, 세대를 이어온 부모들의 희생과 교육열, 그리고 기업들이 이뤄낸 소기의 성과가 큰 힘이 되었다. 문제는 이제부터다. 세계가 주목하는 협력과 경쟁의 마당이 된 동아시아의 틈바구니에서 생존하려면 더욱 폭넓은 거시적 시각이 절실하다. 필자가 2000년대 초반에 미국 시카고에서 모 경영 대학원 이그제큐티브 프로그램에 다닐 때 느꼈던 점 중의 하나는, 정말 많은 수의 한국 공직자들이 세계 각국으로 유학, 연수를 가더라는 것이다. 이제 이런저런 모습으로 그동안 집적된 공공부문의 역량으로, 판이 커진 동아시아 국면 대응에 나설 시점이다.

엘리트 카르텔이 아닌 공공의 이익을 우선으로, 단기적 정책이 아니라 뒷세대까지 생각하는 혜안으로, 개별 조직의 논리가 아니라 국익을 우선으로 한 정책이 뒷받침된다면, 동아시아 공동시장에서 경쟁하는 한국의 비즈니스맨들도 더욱 큰 성과를 낼 것이라 믿는다.

팔지 마라 사게 하라
장문정 지음 | 18,000원

바보는 고객을 유혹하려 하지만, 선수는 고객이 스스로 선택하게 만든다! 끊임없이 고객의 마음을 읽고 반응해야 하는 설득의 최전선, 치열한 마케팅 전쟁터에서 살아남기 위해 반드시 습득해야 할 '장문정식' 영업전술 교본. 공격적이고 군더더기 없는 설명으로 마케팅과 세일즈의 핵심을 통쾌하게 파헤친다.

누가 미래를 가질 것인가
김홍선 지음 | 15,000원

안랩 CEO 김홍선이 말하는 기술과 인간, 미래의 삶. 디지털 시대의 새로운 비즈니스 모델, 미래 사회가 요구하는 인재, 창의적이고 가치 있는 노동으로 이어지는 소프트웨어 콘텐츠 산업, 리더들이 갖춰야 할 IT 마인드 등 개인의 삶과 기업의 비전을 종횡무진 넘나든다. 시대의 변곡점에서 미래의 화두를 찾는 이들에게 반드시 필요한 안내서.

협상은 감정이다
최철규 · 김한솔 지음 | 15,000원

무조건 많이 얻어서 이기는 협상은 성공한 협상이 아니다! 제로섬 게임, 원원의 틀을 뛰어넘어, 상대의 감정과 인식과 행동 모두를 바꿈으로써 나와 생각이 다른 사람과 진짜 파트너가 되게 하는 가치협상 프레임을 제시한다. (추천 : 복잡하게 얽힌 이슈와 관계를 지혜롭게 풀고, 가치와 사람을 모두 얻고 싶은 이들!)

극단의 한국인, 극단의 창조성
신광철 지음 | 15,000원

전쟁의 잿더미 속에서 피워낸 경제대국의 신화. 반도의 작은 나라, 한국이 수많은 시련과 부침 속에서도 세상의 중심국가로 발돋움할 수밖에 없는 '필연적 이유'는 무엇인가? 서로 다른 극단을 통합해 새로운 것을 창조하는 민족, 한국인의 발전 가능성은 어디까지인가? 우리 스스로도 몰랐던 한국인의 저력, 그 극단의 창조성을 파헤친 최초의 책!

당신의 노후는 당신의 부모와 다르다
강창희 지음 | 15,000원

준비 없이 오래 사는 것은 재앙이다! 정년 후 80,000시간, 인생설계서를 다시 써라! 대한민국 최고의 노후설계 전문가인 저자가 건강, 일, 자녀 등 100세 시대 리스크를 토대로 풍요롭고 가치 있는 후반 인생을 위한 해법을 제시한다. 경제적 조언뿐 아니라 노후에 대한 안내자 역할을 충실히 수행하는 책

사장의 일

하마구치 다카노리 지음 | 김하경 옮김 | 15,000원

사장이 흔들리면 회사가 흔들린다! 사장은 직원의 생계와 미래를 모두 책임져야 하는 막중한 자리다. 이 책은 사장이라면 마땅히 품어야 할 사명과 더불어, 책임을 현명하게 감당하게 해줄 지혜의 말을 담고 있다. 현역 사장에게는 조직의 앞날을 내다볼 통찰이, 사장이나 리더를 꿈꾸는 이들에게는 사장으로 거듭날 계기가 되어줄 것이다.

여기에 당신의 욕망이 보인다

송길영 지음 | 15,000원

미래는 현재의 욕망에 이미 존재한다. 욕망을 이해하면 미래를 알 수 있다! 이 책은 트렌드 예측의 핵으로 떠오른 빅 데이터(big data)를 통해 사람들의 욕망을 이해하고 미래에 대비하는 방법을 국내기업의 실제 분석사례 20여 건과 함께 보여준다. (추천: 고객의 생생한 목소리를 듣고 싶은 기업들, 시장과 사회의 변화 흐름을 읽고자 하는 이들)

장사의 신

우노 다카시 지음 | 김문정 옮김 | 14,000원

장사에도 왕도가 있다! 일본에서 요식업계의 전설이자 '장사의 신'으로 불리는 우노 다카시. 커피숍의 매니저로 시작해, 200명이 넘는 자신의 직원들을 성공한 이자카야의 사장으로 만든 주인공인 저자가 어떤 장사에도 통하는 성공비법을 공개한다.

모든 비즈니스는 브랜딩이다

홍성태 지음 | 18,000원

브랜딩은 더 이상 마케팅의 전유물이 아니다! 이 책은 살아남은 브랜드와 잊혀져가는 브랜드의 사례를 토대로, 브랜드 컨셉을 어떻게 기업의 문화로, 가치로 녹여낼 수 있는지를 쉽고 친근하게 설명한다. 브랜딩이 단순한 마케팅 기법이 아니라 경영의 핵심임을 일깨워주는 책.(추천 : 마케팅 담당자뿐 아니라 모든 부서의 직원들을 위한 책)

난세에는 영웅전을 읽어라

김욱 지음 | 15,000원

수천 년간 읽히고 해석되고 숭배되어온 불멸의 고전, 플루타르코스의 〈영웅전〉을 통해 인간경영과 세상살이에 필요한 통찰을 얻는다! 카이사르, 알렉산드로스 대왕 등 고대 그리스, 로마 영웅들의 생애를 추적하며 현대인이 갖춰야 할 위기 극복의 지혜, 인간과 세상을 운영하는 법을 알려주는 책.